Alessa Rather

Die Radierung *Anbetung der Könige* von Giambattista Tiepolo

Capriccio im Gewand biblischer Historie

CISA - CULTURAL AND INTERDISCIPLINARY STUDIES IN ART

Herausgegeben von Zita Ágota Pataki

ISSN 1862-0116

II *Claudia-Alexandra Schwaighofer*
Die Kunst der Nachahmung
Dürer, Carracci und Parmigianino in den Reproduktionsgraphiken der Nürnbergerin Maria Katharina Prestel (1747–1794)
ISBN 3-89821-642-X

III *Eveliina Juntunen und Zita Ágota Pataki (Hrsg.)*
Rubens im Blick
Ausgewählte Werke unter Re-vision
ISBN 978-3-89821-621-0

IV *Volker Jaeckel*
Von Alterität, Anthropophagie und Missionierung
Der Einfluss der Jesuiten auf die kulturelle Identität Brasiliens in der Kolonialzeit (1549-1711)
ISBN 978-3-89821-717-0

V *Monika von Wilmowsky*
Palmen, Pyramiden und Pylone
Photographien einer Ägyptenreise um 1900
ISBN 978-3-89821-900-6

VI *Sabine Jagodzinski*
Die illustrierte Apokalypse Heinrichs von Hesler im Deutschen Orden
Studien zu Bild, Text und Kontext
ISBN 978-3-89821-984-6

VII *Carolin Leistenschneider*
„Ich möchte eine Mönchskutte haben“
Askese im symbolistischen Frühwerk von Jeanne Mammen
ISBN 978-3-8382-0053-8

VIII *Bettina Heinemann*
Das Ausstattungsprogramm der Cappella Strozzi di Mantova in Santa Maria Novella in Florenz
ISBN 978-3-89821-955-6

Alessa Rather

Die Radierung *Anbetung der Könige* von Giambattista Tiepolo

Capriccio im Gewand biblischer Historie

Mit einem Vorwort von Werner Busch

ibidem-Verlag
Stuttgart

Bibliografische Information der Deutschen Nationalbibliothek
Die Deutsche Nationalbibliothek verzeichnet diese Publikation in der Deutschen Nationalbibliografie; detaillierte bibliografische Daten sind im Internet über http://dnb.d-nb.de abrufbar.

Bibliographic information published by the Deutsche Nationalbibliothek
Die Deutsche Nationalbibliothek lists this publication in the Deutsche Nationalbibliografie; detailed bibliographic data are available in the Internet at http://dnb.d-nb.de.

Abbildung auf dem Umschlag: Giambattista Tiepolo, *Anbetung der Könige* (Detail), Kupferstich, zwischen 1749 und 1757, 413 x 238 mm, Hamburger Kunsthalle, Kupferstichkabinett, Inv. Nr. 2954, Foto: Archiv der Autorin

∞

Gedruckt auf alterungsbeständigem, säurefreien Papier
Printed on acid-free paper

ISSN: 1862-0116

ISBN-13: 978-3-8382-0164-1

Printed in Germany

Meinem Onkel Mathias und meinem Bruder Fabian gewidmet
– den beiden Büchernarren in der Familie

Inhaltsverzeichnis

Vorwort

Es ist eher ungewöhnlich, dass eine Erstlingsarbeit die Forschungslage verändert. Hier ist das der Fall. Alessa Rather hat Tiepolos größte und bedeutendste (und auch teuerste) Radierung, die „Anbetung der Könige“, untersucht, mit Tiepolos Gemälde, Ölskizze und Zeichnungen gleichen Themas verglichen und ist zu dem Schluss gekommen, dass die Radierung im Gegensatz zu den anderen Werken stringente Erzählhaltung und ikonographische Eindeutigkeit bewusst vermeidet, damit auch auf eine klare religiöse Aussage nicht festzulegen ist: Sie agiert mit Prinzipien des Capriccio.

Das Spiel mit den Formen und das „Wie“ der Darstellung erscheinen wichtiger als das „Was“. Damit kann die Arbeit an Beobachtungen von Svetlana Alpers und Michael Baxandall anschließen, die 1994 in ihrem Buch zu Tiepolos Würzburger Treppenhausfresken zur Irritation der Forschung nicht primär auf ein Concetto – der Fürstbischof Greiffenklau in Gestalt Apollons als die Sonne Frankens – sondern vor allem auf die spielerisch-ironische Dimension in den rahmenden Erdteildarstellungen abgehoben haben, die mit optischen Verblüffungen, komischen, ans Absurde streifenden Posen des Personals den Betrachter verunsichern. Viele Dinge sind um ihrer selbst Willen, als künstlerisches Spielmaterial da. Dass dies auch bei einer anspruchsvollen religiösen Darstellung wie der „Anbetung der Könige“ der Fall sein kann, wird hier anschaulich vorgeführt.

Tiepolo steigt damit auch in eine eigenständige venezianische Tradition ein, die ihren explizitesten Ausdruck 1573 in Veroneses Verteidigung vor dem Tribunal der Inquisition fand, als er die Ausschmückung seiner Darstellung des letzten Abendmahls im Hause des Simon im Refektorium des Konventes von SS. Giovanni e Paolo in Venedig mit Motiven, die zur unmittelbaren Aussage des Themas nichts beitrugen und mit den Grenzen des Dekorums spielten, damit verteidigte, dass er schlicht bemerkte, es sei noch Platz gewesen und da habe er halt noch einige malerisch reizvolle und dekorative Motive angebracht.

Beinahe en passant gelingt es Alessa Rather eines der ältesten Probleme der Tiepolo-Forschung seiner Lösung entschieden nahe zu bringen: dasjenige der Frage der Datierung seiner graphischen Zyklen der „Capricci“ und der „Scherzi“. Für die Datierung des Blattes der „Anbetung der Könige“ konnte zudem ein neuer *terminus post quem* in die Forschungsdiskussion eingebracht werden.

Die Arbeit, so scheint mir, hat zu Recht 2009 den Ratjen-Preis für die beste Abschlussarbeit das Jahres zur Kunst der Graphik in München am Zentralinstitut für Kunstgeschichte erhalten. Möge sie mithelfen, die Graphikforschung zu erneuern.

Werner Busch

I. Einleitung

Venedig war im 18. Jahrhundert mit seinem blühenden Verlagswesen eines der wichtigsten europäischen Zentren des Buchdrucks sowie der Herausgabe und Verbreitung von Künstler- und Reproduktionsgraphik.[1] Es gab kaum einen venezianischen Maler, der sich nicht wenigstens zeitweise dem Kupferstich oder vorzugsweise der Radierung gewidmet hätte; der nicht den Beruf des *peintre-graveur* ausübte[2] oder Entwürfe für Buchillustrationen lieferte.

Giambattista Tiepolo (1696–1770) wirkte bereits zu Beginn des Settecento, noch am Anfang seiner künstlerischen Laufbahn stehend, an Buchprojekten mit[3] und fungierte als Berater bei der Ausführung von Radierungen.[4] Über die umfangreichen und qualitätvollen Sammlungen seiner venezianischen Auftraggeber – wie etwa Antonio Maria Zanetti d. Ä., Joseph Smith oder Zaccaria Sagredo[5] – lernte er unter anderem die Druckgraphik Salvator Rosas (1615–

---

1 Die größte Druckerei Europas hatte über 1000 Angestellte und befand sich 1760 im Besitz der venezianischen Familie Remondini. Neben großen Verlagen wie Albirizzi, Pasquali oder Wagner existierte zudem eine Vielzahl kleinerer Verleger. Vgl. Buberl 1993, S. 415/416. Für eine ausführliche Darstellung vgl. Schäffer 1998.

2 Siehe Gilles 2003, S. 81–82. Auch Sammler und Dilettanten widmeten sich der Druckgraphik. Vgl. Ausst. Kat. Rotterdam 1996, S. 172.

3 Tiepolo war Mitarbeiter Lovisas bei dessen *Gran Teatro di Venezia*, das 1717 erstmals erschien. Vgl. Rizzi, in: Ausst. Kat. Udine 1970, Introduzione (n.p.). Zudem fertigte er Zeichnungen (von Andrea Zucchi gestochen) nach Antiken der Sammlung Bevilacqua im Auftrag von Scipione Maffei für dessen 1732 erstmals erschienenes *Verona Illustrata* an. Vgl. Bettagno/Magrini 2002, S. 33/34. Gerade zu Beginn seiner Karriere lieferte er häufiger Vorlagezeichnungen, die von verschiedenen Stechern umgesetzt wurden. Vgl. Aikema 1998, S. 251/252. Ein frühes, datiertes Beispiel (1726) einer durch Zucchi umgesetzten Zeichnung findet sich in Ausst. Kat. Cambridge 1996, S. 50/51. Zudem war Tiepolo wohl Mitarbeiter Giuliano Giampiccolis bei Nachstichen nach Marco Ricci, 1743 erstmals erschienen. Vgl. Succi 1998, S. 275 u. 282–289 und Succi 1985, S. 19–28.

4 Marco Ricci hatte laut einer undatierten, wohl zeitgenössischen handschriftlichen Notiz, die sich auf der Rückseite seines Portraits in einer Sammlung seiner Stiche befindet, „*sotto gli occhi dell'egregio diletante Ant. M. a Zanetti col consiglio ed asistenza di Sebastiano Ricci zio e Maestro di Marco e di Gio. Battista Tiepolo dei quali se vedano alcune correzioni a penna*" Stiche angefertigt. Vgl. Passamani 1970, S. 10–12 und Passamani 1968, S. 14.

5 Zu Zanettis Sammlung hatte Tiepolo schon früh Zugang; Smith besaß unter anderem viele Radierungen Rembrandts und Sagredos Sammlung war herausragend, sowohl Um-

1673), Giovanni Benedetto Castigliones (1609–1664) und auch Rembrandts (1606–1669) kennen. Er war vertraut mit den Stichen zeitgenössischer wie auch früherer Künstler, nutzte diese nicht selten als Inspirationsquelle,[6] und verfügte mit großer Sicherheit über eine eigene, nicht unbedeutende Graphiksammlung.[7] All dies zusammengenommen zeugt von einem nicht geringen Interesse an der Druckgraphik. Und doch steht der großen Anzahl monumentaler Fresken, der Ölbilder zu religiösen wie auch zu profanen Themen und den über 3000 erhaltenen Zeichnungen[8] aus Tiepolos mehr als 50 Jahre umfassender Karriere lediglich ein bemerkenswert kleines druckgraphisches Œuvre gegenüber, das nicht einmal vierzig Radierungen umfasst: Neben den zwei berühmten Serien der *Capricci* und der *Scherzi di Fantasia*, sowie einigen wenigen Radierungen, die Tiepolo zugeschrieben werden, existieren nur zwei Blätter deren *Invenzione* und Umsetzung ins Medium der Radierung zweifelsfrei von Giambattista Tiepolo stammen. Es handelt sich um ein kleinformatiges Blatt, das den *Hl. Joseph mit Kind* zeigt und um eine *Anbetung der Könige* (Abb. 1).

Letztere ist mit etwa 43 x 28 cm bei weitem die großformatigste Radierung Tiepolos und kann aufgrund ihrer hohen künstlerischen Qualität mit gutem Recht

fang als auch Auswahl der Werke betreffend. Vgl. Kowalczyk 2003, S. 45/46. Nach Sagredos Tod erwarb Smith ganze Alben von Zeichnungen aus dessen Nachlass. Vgl. Vivian 1991, S. 28 oder Busch 1996a, S. 60f.

6 Bereits Tiepolos *Memento Mori* von etwa 1715 (Öl auf Kupfer, 115 x 90 mm, Galeria dell'Accademia, Venedig, vgl. Ausst. Kat. Venedig 1996, S. 52f) könnte durch Rembrandts Radierung *Die Jugend vom Tod überrascht* angeregt worden sein. Auch der Einfluss von Stefano della Bellas *Der Tod, der einen alten Mann ins Grab reißt* ist bemerkbar. Vgl. Rutgers 2003, S. 37–40.

7 1845 wurden in Paris Bücher, Gemälde und Kunstwerke aus dem Nachlass von Giandomenico Tiepolo versteigert, unter anderem über 200 Graphiken. Vgl. Lugt 1953, Nr. 17 909. Es befanden sich darunter Werke von Künstlern wie Lucas van Leyden, Rembrandt, Dürer und Castiglione. Man darf davon ausgehen, dass zumindest ein Teil dieser Blätter bereits im Besitz Giambattista Tiepolos war. Vgl. Mariuz 1998, S. 33 und Christiansen 1996, S. 275.

8 Es ist von etwa 1700 Federzeichnungen und 1500 Kreidestudien (von denen einige Blätter teilweise den Söhnen zugeschrieben werden) auszugehen. Vgl. Schulze Altcappenberg 1996, S. 11. Die genauere Anzahl lässt sich, auch wegen unsicherer Zuschreibungen, nicht angeben.

als sein druckgraphisches Meisterwerk bezeichnet werden.[9] Trotzdem blieb sie im Vergleich mit den *Capricci* und den *Scherzi* weitgehend unbeachtet. Lediglich ein Anfang der 70er Jahre publizierter Aufsatz Maria Santifallers beschäftigt sich monographisch mit dem Blatt, beschränkt sich dabei jedoch auf eine rein formale Untersuchung der einzelnen Bildmotive und Versatzstücke und kulminiert in dem versuchten Nachweis, es handle sich um eine Reproduktionsgraphik.[10] Die bisher noch ausstehende, intensive Beschäftigung mit dem Blatt bildet Ausgangspunkt und Ziel der vorliegenden Studie. Hierbei werden auch Vergleiche zu Tiepolos weiteren zeichnerischen wie malerischen Umsetzungen des Themas gezogen.
Für die Radierung der *Anbetung der Könige* ist gesichert, dass sie vor 1757 entstanden sein muss. Im Laufe der Untersuchung soll diesem Forschungsstand ein weiteres Datierungskriterium, ein *terminus post quem*, hinzugefügt werden, der eine Datierung nach 1749 erlaubt.

Im Gegensatz zu vielen seiner Zeitgenossen, die ihre Druckgraphik als eine Form der *Carte de visite* nutzten, bemühte sich Giambattista Tiepolo nicht besonders um die Verbreitung seiner Radierungen. Abgesehen von der zehn Blätter umfassenden Serie der *Capricci*, die in den 1740er Jahren einer Sammlung von *Chiaroscuro*-Holzschnitten Antonio Maria Zanettis d. Ä. beigebunden wurde, erfuhren Tiepolos druckgraphische Arbeiten erst durch seinen Sohn Giandomenico eine systematische Publikation.[11]

---

9 So bereits bei Basan 1767, Bd. II, S. 505/506 und Gandellini 1771, Bd. III, S. 305. In der modernen Forschung vgl. etwa Eschenfelder 1998, S. 98. Krückmann zählt die Radierung der *Anbetung der Könige* sogar zu den „Höhepunkten der Graphik des 18. Jahrhunderts. “ Krückmann 2004, S. 106.

10 Santifaller (Santifaller 1972b) sucht verwandte Motive im Werk Tiepolos, benennt die Vorbildfunktion Riccis und Veroneses und vertritt die These, die *Anbetung der Könige* sei eine eigenhändige Reproduktionsgraphik nach einem nicht dokumentierten, verschollenen Gemälde Tiepolos. Ferner sind noch Succis (Succi 1985) Überlegungen zur Datierung des Blattes hervorzuheben.

11 Giandomenico Tiepolo gab kurze Zeit nach dem Tode seines Vaters einen fast das gesamte druckgraphische Werk der Familie umfassenden *Catalogo* heraus. Vgl. Kapitel II. 1.

Wenn es jedoch nicht das Anliegen des Künstlers war, seine Druckgraphik – ein von seiner Natur aus auf Vervielfältigung abzielendes Medium – zu verbreiten, so bleibt die Frage nach Funktion und Absicht der Blätter offen.

In Hinblick auf die Serien der ikonographisch nicht benennbaren und somit noch enigmatischeren *Capricci* und *Scherzi* wurden bereits verschiedene Anläufe unternommen, sich diesem Problem zu nähern. Das Spektrum der Ansätze erstreckt sich, von der älteren Forschung ausgehend, die annimmt, es handle sich „um Spielereien, bedeutungslose Übungen, die er [Tiepolo] zu seinem eigenen Vergnügen geschaffen habe“,[12] über die Überlegung, man fände hier optische Irritation und capriccesque Spielereien in Korrespondenz mit „thematischer Uneindeutigkeit“ als Thema – Ausdruck einer mystischen Weltdeutung sowie historisierenden Kunst- und Kulturanschauung –,[13] bis hin zu einer Thematisierung des Beitrages des Betrachters durch eine „Konfiguration des Zuschauens“.[14] Da die *Anbetung der Könige* einen eindeutig zu benennenden Bildgegenstand bietet, erscheint sie in diesem Zusammenhang auf den ersten Blick weniger interessant. Es mag hierin ein Grund für die bisherige Vernachlässigung des Blattes liegen. Wie im Folgenden zu zeigen sein wird, war Tiepolos Beschäftigung mit dem biblischen Thema jedoch nicht religiös motiviert, sondern erfolgte in erster Linie als fantasievolle Reaktion auf eine Bildfindung Sebastiano Riccis. Zudem legen auch die capricciohaften Spielereien in der Behandlung des religiösen Themas, die im Rahmen dieser Studie näher betrachtet werden, und die Verwandtschaft einzelner Motive mit den *Capricci* und *Scherzi* nahe, das Blatt im Kontext von Sinn und Bildgehalt der beiden Serien zu untersuchen.

Seit Eduard Sacks Monographie (1910) wird den Radierungen Tiepolos wiederholt ein rein vergnüglicher, privater Charakter zugesprochen und dabei meist auf deren auffällig geringe Verbreitung zu Lebzeiten des Künstlers rekurriert.[15] Weitgehend außer Acht gelassen werden jedoch bei diesem

12 Eschenfelder charakterisiert so zusammenfassend die ältere Forschung. Vgl. Eschenfelder 1998, S. 98. Ausgehend von Sack 1910, S. 289 wurde die These wiederholt vertreten.

13 Vgl. Busch 1996a, S. 69–72.

14 Vgl. Alpers/Baxandall 1996, S. 11 und Kapitel II. 6.

15 Etwa Rizzi, in: Ausst. Kat. Udine 1970, S. 11.

Deutungsansatz die wenigen bisher als „Probedrucke“[16] bezeichneten Exemplare, die sich seit Mitte des 18. Jahrhunderts in bedeutenden Graphiksammlungen befanden. Jene tendenziell einer nicht-kommerziellen Absicht des Künstlers widersprechenden und von ihrer Wertschätzung durch die Sammler zeugenden „Probedrucke“ bilden die Grundlage der hier entwickelten These, es handle sich bei den Radierungen Giambattista Tiepolos um anspruchsvolle Künstlergraphik, die, in kleiner Auflage, dezidiert auf die Präsentation in einer hochkarätigen Sammlung ausgelegt war.

Vor dem Hintergrund eines im 18. Jahrhundert aufkeimenden historischen Interesses an vergangenen Epochen und der Anerkennung von Kunst- und Kunstgewerbegegenständen als historische Quellen vollzog sich eine Veränderung der Kunstbetrachtung, die ebenso die Wahrnehmung zeitgenössischer Kunst bestimmte, und zur Herauskristallisierung eines neuen Sammlertyps führte. Dieser suchte in der Betrachtung von Druckgraphik verstärkt intellektuelles Vergnügen. Tiepolos Radierung der *Anbetung der Könige* gilt es auch vor diesem Hintergrund zu betrachten und ihn in die Deutung mit einzubeziehen.

16 Etwa bei Alpers/Baxandall 1996, S. 35 oder auch bei Busch 1996a, S. 67.

II. Die *Anbetung der Könige*

II. 1 Der Catalogo

Vermutlich gegen Ende des Jahres 1770,[17] kurz nach seiner Rückkehr aus Spanien und nur wenige Monate nach dem Tode seines Vaters, gab Giandomenico Tiepolo (1727–1804) eine umfangreiche Sammlung der von Giambattista, ihm selbst und seinem Bruder Lorenzo (1736–1776) angefertigten Radierungen heraus, die in kurzer Folge zwei weitere Auflagen erfuhr.[18]
Neben den von Giambattista Tiepolo selbst gestochenen sechzehn Arbeiten,[19] die nur den kleinsten Teil des *Catalogo* bilden und an deren erster Stelle sich die *Anbetung der Könige* befindet, umfasst der Sammelband vor allem Reproduktionen von Gemälden und Fresken Giambattistas, die aus der Hand seiner beiden Söhne stammen. Ein beeindruckender Querschnitt durch Giambattista Tiepolos umfangreiches Œuvre wird geliefert und dient, in sekundärer Funktion, dessen Andenken. Primär scheint der *Catalogo* jedoch eher auf ökonomischen Erwägungen zu basieren, die sich aus dem Vorhandensein fertiger Druckplatten und der für die Söhne bestehenden Möglichkeit ergaben, eigene Werke im Anschluss an die Arbeiten ihres berühmten Vaters verkaufsfördernd zu ver-

---

17 Da, laut Frerichs, die dritte Auflage des Buches bereits 1775 erschien, ist die Erstauflage in der Zeit kurz nach Giandomenico Tiepolos Rückkehr aus Spanien zu vermuten (Ende 1770/Anfang 1771). Vgl. Frerichs 1971a, S. 235. Succi hingegen datiert die drei Ausgaben des *Catalogo* auf 1773/4, 1775 und um 1778, so Büttner 1996a, S. 157. Mit Sicherheit ist zumindest zu sagen, dass 1775 nicht das Jahr der Erstausgabe ist, sondern eine erste Publikation zeitlich näher an Giandomenicos Rückkehr aus Spanien liegt.

18 Der vollständige Titel der ersten Ausgabe lautet: „Catalogo di Varie Opere contenute nel presente Volume in= | ventate dal Celebre Pittore Giò: Batta Tiepolo, Veneto, che fu al | servigio di S. M. Catt: morto in Madrid li 27 Marzo 1770, numero 16 | delle quali, furono incise dallo stesso, e le rimanenti dalli di lui | figli, Giandomenico, e Lorenzo, possedute dal anzidetto Giando | menico coll'aggiunta d'altre sue opere." Vgl. De Vesme 1906, S. 379.

19 Es handelt sich um 15 *Scherzi di fantasia* (darunter der *Hl. Joseph mit Kind*, vgl. Ausst. Kat. Venedig 1983, S. 455) und die *Anbetung der Könige*. Vgl. De Vesme (1906), S. 379–380. Die eigentlich 23 (bzw. 24, wenn man wie Giandomenico Tiepolo den *Hl. Joseph* zu den *Scherzi* zählt) Blatt umfassende Serie der *Scherzi* ist also nicht vollständig in diese erste Ausgabe mit aufgenommen worden.

breiten.[20] Giandomenico Tiepolo führte somit, wie sich im Laufe der Studie zeigen wird, die Radierungen seines Vaters einem von diesem ursprünglich nicht intendierten Zweck zu.

Die zweite, erweiterte Ausgabe des *Catalogo*, die vermutlich ein oder zwei Jahre später unter leicht verändertem Titel erschien,[21] beinhaltet neben der *Anbetung der Könige* nicht mehr nur 15, sondern 24 von Giambattista eigenhändig radierte Blätter. Die um neun Szenen aufgestockte, nun komplette Serie der *Scherzi di fantasia* umfasst eine Radierung des *Hl. Joseph mit Kind*, welche jedoch keine gesonderte Erwähnung im Inhaltsverzeichnis der verschiedenen Ausgaben der Graphiksammlung findet, sondern von Giandomenico als 24. *Scherzo* gezählt wird.[22]

Mit nunmehr 25 Radierungen ist in dieser Ausgabe des *Catalogo* Giambattista Tiepolos zweifelsfrei von ihm selbst gestochenes, druckgraphisches Werk exklusive der zehn *Capricci* vollständig versammelt.[23] Da diese angebunden an die

---

20 Radieren war sehr lukrativ und schon unter Giandomenicos ersten Drucken befinden sich Reproduktionsgraphiken nach den Werken seines Vaters, was für seine Geschäftstüchtigkeit spricht. Vgl. Aikema, in: Ausst. Kat. Rotterdam 1996, S. 10 und Wolk-Simon 1997, S. 6. Der bei Weitem größte Teil der im *Catalogo* publizierten Radierungen stammt aus der Hand Giandomenicos.

21 „*Catalogo di varie Opere inventate dal Celebre Gio. Batta Tiepolo al Servigio di S. M. C. morto in Madrid li 27. Marzo 1770. e incise in N. 25. dallo stesso, e l'altre incise dalli Figli Giandomenico, e Lorenzo, possedute dal medesimo Giandomenico coll'aggiunta d'altre sue Opere.*" Der Band wurde nicht nur erweitert, sondern auch die Abfolge der Stiche wurde leicht verändert. Vgl. die Inhaltsverzeichnisse der beiden Bände, De Vesme 1906, S. 379–380.

22 Auch auf dem Titelblatt zu den *Scherzi*, dessen Inschrift erst durch Giandomenico hinzugefügt wurde, wird das Blatt mit dem *Hl. Joseph mit Kind* nicht genannt, sondern zählt als 24. Scherzo: „Scherzi di Fantasia N. 24 | del Celebre Sig. Giō. Batta Tiepolo Veneto Pittore | morto in Madrid | al Serviggio di S: M: C: | Più hà inc. una Adorazione de Remagi."

23 Es sind lediglich 35 Blatt bekannt, die von Giambattista Tiepolo nicht nur konzipiert, sondern auch zweifelsfrei von ihm eigenhändig radiert wurden: die Serie der *Capricci*, die der *Scherzi*, der *Hl. Joseph mit Kind* und die *Anbetung der Könige*. Einige weitere Blätter werden ihm zugeschrieben, so bereits 1910 (durch Sack) eine Radierung, die den *Hl. Hieronymus* darstellt (Museo Civico, Bassano, von Passamani allerdings Giandomenico oder Lorenzo Tiepolo zugeschrieben, vgl. Passamani 1970, S. 9); zwei weitere Blätter, die jeweils einen „Magier" zeigen (Museo Correr, Venedig, von De Vesme 1906 nicht

zweite Ausgabe einer *Raccolta*[24] von *Chiaroscuro*-Holzschnitten Antonio Maria Zanettis d. Ä. erschienen, ist es sehr wahrscheinlich, dass sich die Kupferplatten zu den *Capricci* in dessen Besitz befanden und deshalb für Giandomenico während der Konzeption des *Catalogo* nicht zugänglich waren.[25]
Eine dritte Auflage des *Catalogo*, erneut leicht erweitert auf nun 200 Radierungen, erschien nach 1775.[26]

II. 2 Die Radierung der *Anbetung der Könige*

Bedingt durch die Aufnahme der Radierung der *Anbetung der Könige* (Abb. 1) in den die gesammelten Radierungen der drei Tiepolos umfassenden *Catalogo*, existiert die Graphik, deren Kupferplatte noch erhalten ist und sich im Museo

---

erwähnt, aber später von ihm anerkannt, vgl. Mariani 1986, S. 109) sowie zwei Platten, die verschiedene Kopf- und Maskenstudien zeigen, und die eventuell eine Kollaboration von Algarotti und Tiepolo sind. Laut De Vesme stammen sie nur von Algarotti, vgl. De Vesme 1906, S. 110. In der jüngeren Forschungsliteratur werden die Radierungen wieder als Kollaboration anerkannt. Vgl. Ausst. Kat. Rotterdam 1996, S. 174. Ein weiteres Blatt, das eine sitzende, mit zwei Mönchen sprechende Figur neben einer Ruine zeigt (Kunsthalle, Hamburg, Inv. Nr. 2230) und bisher zumeist Salvator Rosa zugeschrieben wurde, erkennt Mariani als Werk Tiepolos an. Vgl. Mariani 1986, S. 110. Diese überzeugende Zuschreibung erfolgt ebenso im Ausst. Kat. Köln/Zürich/Wien 1996, S. 344. Es handelt sich wohl um ein frühes druckgraphisches Werk Tiepolos. Hinzukommt die Ausführung von Figuren auf Arbeiten Giampiccolis. Vgl. Succi 1985, S. 21f und Tuijn 1996, S. 174.

24 Der Titel der Ausgabe von 1749 lautet „*Raccolta di varie stampe a chiaroscuro, tratte dai disegni originali di Francesco Mazzuola, detto il Parmigianino, e d'altri insigni autori* ". Eine erste Ausgabe erschien bereits Anfang der 40er Jahre. Vgl. Kapitel II. 2. 4.

25 Zu dieser Annahme kursieren verschiedene Meinungen in der Forschungsdiskussion. Büttner 1996a, S. 157, geht beispielsweise davon aus, dass Tiepolo die Druckplatten aus der Hand gab, während Rutgers 2006, S. 256/257, es für unwahrscheinlich hält, dass Zanetti die Druckstöcke besaß. Eine erste eigenständige Publikation der *Capricci* erfolgte 1785. Vgl. Büttner 1996a, S. 157.

26 Der Großteil der Arbeiten stammt von Giandomenico. Titel der zweiten und dritten Ausgabe sind identisch. Unter den neun neu hinzugefügten Radierungen befindet sich ein Druck, der die Religion mit den freien Künsten darstellt und auf das Jahr 1775 datiert ist. Es kamen keine Radierungen von der Hand Giambattista Tiepolos hinzu. Die ersten beiden Ausgaben wurden von De Vesme 1906 publiziert.

Correr in Venedig befindet, in zwei verschiedenen Zuständen.[27] Ursprünglich zeigte das Blatt lediglich die biblische Szene; beim zweiten Zustand wurde, wohl von der Hand Giandomenicos, die Nummer „3“ in der linken oberen Ecke eingefügt und in der rechten oberen Ecke kam die Nummer „25“ hinzu.[28]
Das Blatt ist mit Abstand Giambattista Tiepolos großformatigste Druckgraphik. Die Platte hat eine Größe von 432 x 286 mm, wovon 417 x 283 mm durch das Bildfeld eingenommen werden.[29] Das durchschnittliche Format der *Capricci* und der *Scherzi* hingegen beträgt nur etwa die Hälfte. Durch ihre Dimensionen hebt sich die *Anbetung der Könige* somit ebenso aus dem druckgraphischen Œuvre hervor wie auch durch ihren Bildgegenstand. Neben der vergleichsweise extrem kleinformatigen Radierung des *Hl. Joseph mit Kind* ist es das einzige religiöse Werk, das Tiepolo radierte, und darüber hinaus die einzige biblische Historie.[30]

II. 2. 1 Die Darstellung der biblischen Historie

Der Bildraum des hochrechteckigen Blattes wird auf der linken Bildhälfte von einer architektonischen Kulisse bestimmt, die sich aus einer eigenwilligen, strohbedeckten Holzkonstruktion, zwei Stümpfen unkannelierter Säulen und einem vom Bildrand überschnittenen Steinsockel zusammensetzt. Lediglich ein einzelner, halb kahler Baum ragt hinter diesem Architekturcapriccio hervor, das die räumliche Folie für die *Anbetung der Könige* bildet.

---

27 Giambattista Tiepolo, *Anbetung der Könige*, zwischen 1749 und 1757, 413 x 238 mm. De Vesme nimmt noch vier Zustände an, vgl. De Vesme 1906, S. 382. Der von De Vesme angegebene zweite Zustand, mit der Nummer drei, aber ohne die Nummer 25, existiert jedoch nicht. Vgl. Ausst. Kat. Venedig 2004, S. 8. Und nach einer von Pignatti 1965, Nr. I, vorgenommenen Prüfung der Platte erweist sich auch der vierte Zustand als Fehlurteil. Vgl. Santifaller 1972b, S. 1, Fn 1.

28 Die „3“ entspricht der Indexnummer in der zweiten Ausgabe des *Catalogo* und die „25“ benennt das Blatt als fünfundzwanzigstes Werk Giambattistas in eben dieser Ausgabe.

29 Vgl. Sack 1910, S. 295.

30 Unter den eventuell Giambattista zuzuschreibenden Blättern, die in der Forschung diskutiert werden, befindet sich auch ein *Hl. Hieronymus*. Erkennt man das Blatt als von Tiepolos Hand stammend an, so muss man natürlich von drei, statt von zwei religiösen Radierungen sprechen. Vgl. Fn. 23. Nichtsdestoweniger bleibt die *Anbetung der Könige* durch die Darstellung biblischer Historie ebenso solitär, wie auch durch ihr Format.

Leicht aus der zentralen Bildachse nach links verschoben, sitzt Maria auf einem teilweise im Boden versunkenen, figürlichen Relief – hierdurch gleichsam auf ein Podest erhoben – und präsentiert das Jesuskind auf ihrem Schoß. Dabei wendet sie sich zwei prächtig gewandeten Königen zu, die zu ihren Füßen knien. Diese erwidern den Blick Marias jedoch nicht. Sie huldigen dem Kind, das wiederum seinerseits keinen Anteil nimmt. Die Protagonisten von Tiepolos Radierung der *Anbetung der Könige* sind nicht durch Blickbeziehungen miteinander verbunden und zeichnen sich durch einen auffälligen Mangel an Interaktion aus.
Josef ist hinter der Jungfrau und dem Kind positioniert und mit diesen kompositorisch zu einer Gruppe zusammengefasst. Er nimmt durch seine starke Verschattung jedoch nur eine untergeordnete Rolle in der Darstellung der Szene ein. Zwischen die Dreiergruppe Joseph, Maria und Kind und die den Bildraum abschließende Architektur ist ein Ochse prominent ins Bildfeld eingeschoben und verweist zusammen mit dem nur spärlich von Stroh bedeckten Holzgerüst auf den Stall der Geburt Christi.[31]
Die rechte Bildhälfte der Radierung ist dem aus Pagen, Soldaten, alten Weisen, Lasttieren und Hunden zusammengesetzten Gefolge der drei Könige und der Figur des dritten Königs vorbehalten. Dieser, traditionell seit dem späten Mittelalter als Farbiger in die Darstellung der biblischen Historie eingeführt,[32] steht, eine Verbeugung andeutend, am rechten Bildrand.
Vor der einen großen Teil des Blattes einnehmenden, weitgehend freien Himmelsfläche sind einige Cherubsköpfchen und der Stern zu sehen, welcher laut Matthäus II, 9 die Weisen aus dem Morgenland leitete. Er sendet sein Licht in Richtung der Heiligen Familie aus – setzt dabei jedoch besonders den Kopf des Ochsen in Szene.
Vereinzelt im Bildgrund verteilte Motive wie ein Köcher mit Pfeilen, ein Gefäß mit Groteskenapplikation oder der Rest eines zerbrochenen Rades stehen nicht in narrativem Zusammenhang mit der dargestellten biblischen Historie, sind jedoch als häufig wiederkehrende Versatzstücke charakteristisch für Tiepolos

31 Die *Anbetung durch die Weisen* ist bei Matth. II, 1–12 beschrieben, hier ist jedoch nur von einem „Haus“ die Rede. Seit der Spätantike wird die Darstellung dieser Szene bisweilen mit der *Anbetung der Hirten* verbunden, bzw. an den Ort der Geburt Christi verlegt. Vgl. Adolf Weis, in: LCI Bd. 1, 1968, Sp. 542/543 und LCI Bd. 2, 1970, Sp. 92.

32 Bereits im 12. Jh. in einer spanischen Buchmalerei belegt, findet die Darstellung jedoch erst im 15. Jh. Verbreitung. Vgl. Adolf Weis, in: LCI Bd. 1, 1968, Sp. 541.

Schaffen. Auf einem Steinblock in der linken unteren Ecke ist die Unterschrift des Künstlers zu lesen, der das Blatt in der Platte signiert hat.

II. 2. 2 Verwandtschaft mit den *Scherzi* und *Capricci*

Über die Bildkomposition verstreute, antikisch wirkende Motive kontrastieren mit prunkvollen, dem Geschmack des 16. Jahrhunderts entsprechenden Gewändern *à la* Veronese (1528–1588), wie sie von den drei Königen und einem Pagen getragen werden. Eine Verortung innerhalb des als historisch betrachteten, zeitlichen Kontextes ist über Tiepolos Umsetzung der biblischen Szene somit nicht möglich. Unklar bleibt bei der Radierung der *Anbetung der Könige* auch die räumlich-geographische Situation: Die einzelnen Elemente des die linke Bildhälfte bestimmenden Architekturcapriccios lassen sich ebenso wenig innerhalb einer rational nachvollziehbaren Umgebung verorten wie das einander stark überschneidende, gedrängt angeordnete Gefolge der Könige im rechten Bildhintergrund.

Diese generelle, Zeit und Raum betreffende Uneindeutigkeit wie auch die hiervon beim Betrachter ausgelöste Verunsicherung verbindet die *Anbetung der Könige* sowohl mit den *Capricci* (Abb. 2–11)[33] als auch mit den *Scherzi* (Abb. 12–35)[34] und bestimmt den Grundtenor des Blattes. Die „elegische" Atmosphäre der beiden nicht entschlüsselbaren Radierungsfolgen hat sich in die religiöse Historie eingeschlichen.[35] Verwandtschaften und Parallelen zwischen den Blättern, sowohl in den Details als auch in den Motivgruppen, tragen wesentlich hierzu bei. Sie wurden bereits wiederholt in der Forschung – etwa bei Santifaller[36] – aufgezeigt, weshalb an dieser Stelle einige exemplarische Beispiele genügen.

Das große Gefäß mit Groteskenapplikation am linken Bildrand der *Anbetung der Könige* findet sich identisch auf dem *Scherzo* „Jüngling zwischen dem Magier mit

33 Giambattista Tiepolo, *Capricci*, 10 Blätter, vor 1742, je etwa 130 x 170 mm.

34 Giambattista Tiepolo, Scherzi, 23 (bzw. 24, wenn der *Hl. Joseph mit Kind* dazugerechnet wird) Blätter, wohl um 1757, je etwa 220 x 170 mm.

35 Busch 1986, S. 54.

36 Santifaller 1972b, besonders S. 487–489.

Affen und einem Ochsen" (V 30, Abb. 29)[37] wieder; leicht variiert tritt es aber noch häufiger in Tiepolos druckgraphischem Werk auf, wie etwa auf den *Scherzi* V 16, V 17 und V 22–V 24 (Abb. 15, 16 und 21–23). Auch das figürliche Relief zu Marias Füßen erscheint – als Relikt einer vergangenen Zivilisation – mit verändertem Bildfeld auf mehreren Blättern der *Scherzi*.[38]

Charakteristisch für diese druckgraphische Serie sind zudem die sich stark überschneidenden Figurengruppen beziehungsweise Kopfreihungen von alten Weisen, Soldaten und/oder Frauen, wie sie auf etwa einem Drittel der Blätter zu finden sind.[39] Die extreme Gedrängtheit und die daraus bedingten Überlagerungen innerhalb der Figurengruppen schaffen Ellipsen, „das Vertrauen des Malers in die Fähigkeit des Betrachters, die suggestive Unvollständigkeit zu vervollständigen".[40] Sie sind ein von Tiepolo häufig genutzter, besonders für seine Druckgraphik bildbestimmender Kunstgriff, den er zumeist so einsetzt, dass Doppeldeutigkeiten entstehen. Auf dem Blatt der *Anbetung der Könige* wird der Kopf eines Alten einer gedrängt im mittleren Bildhintergrund stehenden Figurengruppe derart von einem Gefäß verdeckt, dass der Betrachter in seiner Wahrnehmung eher dazu neigt, ihn zu einem Totenkopf, als zu einem Gesicht zu ergänzen. Als Vanitas-Motiv lesbar, unterstreicht dieses capricciohafte Moment die bereits konstatierte, elegisch-melancholische Grundstimmung des Blattes.

Ein weiteres ausgesprochen häufig im Werk Tiepolos wiederkehrendes Versatzstück ist das eine helle Figur vor dunklem Grund zeigende Medaillon, wie es auf dem Blatt der *Anbetung der Könige* der vor Maria kniende König trägt. Dieser ist zudem, wie auch die beiden anderen Könige der *Anbetung*,, in Gewandung und Typus den Magiern oder Weisen der *Scherzi* und *Capricci* bemerkenswert eng verwandt.[41]

Die Parallelen zwischen den inhaltlich nicht entschlüsselbaren Serien und dem religiösen Blatt beschränken sich somit nicht auf Randmotive oder Atmosphäre

---

37 Im Folgenden bezieht sich die Nummerierung der Radierungen Tiepolos auf die Zählung bei De Vesme 1906, die in der Reihenfolge der Abb. 2–Abb. 34 berücksichtigt wurde.

38 V 17, V 21, V 24, V 28 und V 30 (Abb. 16, 20, 23, 27 und 29).

39 *Scherzi* V 14, V 16–18, V 20, V 21, V 24 und V 29 (Abb. 13, 15–17, 19, 20, 23 und 28), ebenso auch auf den *Capricci* V 3 und V 10 (Abb. 2 und 9).

40 Alpers/Baxandall 1996, S. 17.

41 Besonders deutlich ist die Parallele zwischen dem farbigen König und dem Weisen auf *Scherzo* V 25.

schaffende, dekorative Nebenmomente, sondern betreffen ebenso die Hauptfiguren der biblischen Historie.

Neben dem beobachteten Eindringen capricciohafter Motivik in die Darstellung einer Szene der Heilsgeschichte, existieren auf der anderen Seite jedoch auch *Scherzi*, die von der Grundkomposition her Darstellungen religiöser Thematik ähneln.[42] Sie stehen somit indirekt dem Blatt der *Anbetung der Könige* nahe. *Scherzo* V 33 (Abb. 32) und besonders *Scherzo* V 27 (Abb. 26) entsprechen in Kompositionsschema und Annordnung der Figuren auffällig einer Darstellung der „Ruhe auf der Flucht".
In Tiepolos druckgraphischem Werk lässt sich folglich eine Wechselwirkung aufzeigen: Die melancholische Stimmung der *Capricci* und *Scherzi* erhält durch die zeitliche und räumliche Unklarheit sowie über einzelne Motive und Motivgruppen Eingang in die Darstellung der *Anbetung der Könige*, während zugleich Kompositionsstrukturen der biblischen Historie capricciohafte Szenerien bestimmen.[43]
Aufgrund dieser deutlichen Verwandtschaft mit den Radierungen der *Capricci* und, in noch stärkerem Maße, der *Scherzi* sollte die *Anbetung der Könige* also, trotz der ihr von Bildformat und Darstellungsgegenstand zugewiesenen solitären Stellung, nicht isoliert von den beiden Serien betrachtet werden.

II. 2. 3 Modus der Darstellung

Entscheidend für die Wirkung von Giambattista Tiepolos Druckgraphik ist sein Umgang mit dem Licht, dem sowohl bei den *Scherzi* und den *Capricci* als auch bei der *Anbetung der Könige* eine besondere Rolle zugewiesen wird. Große Bereiche der Kupferplatten ließ der Künstler unbehandelt, so dass die Helligkeit des

---

42 Wie auch bereits von Santifaller 1972b, S. 487, erkannt.

43 Diese Entwicklung entspricht einer Tendenz des 18. Jahrhunderts, Gattungsgrenzen aufzulösen und christliche Kompositionsschemata umzunutzen. Hierbei erfährt die Darstellung einer Beweinung Christi besonders häufig Adaptionen. Vgl. Busch 1993, S. 55–64.

Papiers und nicht die schwarze Druckfarbe dominant die Wahrnehmung bestimmt. Das Licht ist kompositionsschaffendes Element.[44]
Ein Wechsel aus Hell und Dunkel gliedert die lichtdurchflutete Szenerie der *Anbetung der Könige*. Der dunkle Kopf des Ochsen erscheint besonders auffällig und massiv durch den direkten Kontrast zur freien, lichten Himmelsfläche, die einen großen Teil des Bildfeldes einnimmt. Die Figur der Maria wiederum wirkt vor der dunklen Folie des massigen Ochsen noch strahlender. Sie bildet zusammen mit dem ebenfalls sehr hellen Jesuskind, das fast von innen her zu leuchten scheint, sowie dem vor diesem knienden, greisen König ein Licht- und dadurch zugleich auch Bedeutungszentrum.

Die Radierungen Rembrandts, die sich in Sammlerkreisen des 18. Jahrhunderts einer ungeheuer hohen Beliebtheit erfreuten, waren, die zentrale Rolle des Lichtes betreffend, von entscheidendem Einfluss auf Giambattista Tiepolos druckgraphische Arbeiten. Er könnte zuerst über die Sammlung des Konsul Smith oder über Zanetti d. Ä., der bereits 1721 fast 400 Graphiken von Rembrandt, Jan Lievens, Ferdinand Bol und anderen nach Venedig brachte,[45] Zugang zu diesen Werken erhalten haben. Dem Vorbild Rembrandts folgte Tiepolo auch – ähnlich wie Castiglione und Rosa, die weitere Inspirationsquellen für ihn darstellen – in der Wahl der Kaltnadelradierung und in der technischen Behandlung der Kupferplatten.[46]
Tiepolos Blätter zeichnen sich durch eine äußerst lockere und ungezwungene Behandlung der Linien aus, die von hoher Virtuosität im Umgang mit der Radiernadel zeugt.[47] Mittels Variationen in der Strichführung werden bei der

---

44 Dies gilt ebenso für die Tiepolo zugeschriebenen Einzelblätter. Vgl. Fn. 23.

45 Vgl. Kowalczyk 2003, S. 45.

46 Die Kaltnadelradierung war im 18. Jh. besonders beliebt und verbreitet, da sie eine schnelle Behandlung der Platten und die Ausführung spontaner Einfälle erlaubte. Die graphischen Blätter von Rembrandt und von seinen Schülern dienten in Sammlerkreisen höchst wahrscheinlich auch als Ersatz für gezeichnete Skizzen der Künstler, die seltener und teurer waren. Vgl. Buberl 1993, S. 422, Brakensieg 2003, S. 467 oder auch Rutgers 2003a.

47 Die Radierungen Tiepolos zeugen vom hohen Grad seiner technischen Fertigkeit in diesem Medium. Es ist jedoch nicht bekannt, wie er sie erlangte und seine Anfänge als Druckgraphiker sind nicht dokumentiert. Diane Russell vermutet, dass Antonio Maria Zanetti d. Ä., bzw. dessen Umkreis, der Piazzetta, Sebastiano und Marco Ricci umfasste,

Anbetung der Könige verschiedene Qualitäten von Stofflichkeit unterschieden. Das Fell des Ochsen weist durch kurze, dichte, teilweise parallel laufende Striche eine gänzlich andere haptische Qualität auf als die beiden Säulenschafte, die durch ungeordnet und partiell nur vereinzelt gesetzte Striche charakterisiert sind. Parallele Schraffuren neben großzügig hell belassenen Bildbereichen erwecken beim Kleid Marias und beim Umhang des vor ihr knienden Königs den Eindruck geknitterter Seide, während die zumeist ebenso parallel verlaufenden Linien der Stallkonstruktion durch Verdichtungen und punktuelle Brechungen des Verlaufs mittels schlingernder Linien den Eindruck von Holzmaserung erzielen.

Bei aller Variation in der Behandlung der Linie fällt jedoch auf, dass Tiepolo weitestgehend auf einander überkreuzende Strichführung verzichtet. Dieser Umstand verbindet die *Anbetung der Könige*, wie bereits von 1976 von Knox angemerkt wurde, mit den Radierungen der *Scherzi*, die ebenfalls kaum Kreuzschraffuren aufweisen.[48] Die technische Nähe zu den *Scherzi* korrespondiert mit ihrer bereits beobachteten, stärkeren motivischen Verwandtschaft. Das religiöse Einzelblatt steht den *Scherzi* näher als den *Capricci*.

Die nervöse, lockere Strichführung der Kaltnadelradierung und der dadurch erzeugte Eindruck von schneller, momenthafter Ausführung und Leichtigkeit schafft ein wirkungsvolles Spannungsverhältnis zur sorgfältig durchkomponierten Darstellung der Szene der *Anbetung der Könige*. Es finden sich in der Platte weder Spuren von Korrekturen im Aufbau noch in den Einzelmotiven der komplexen, vielfigurigen Komposition. Die technisch demonstrierte Leichtigkeit überträgt sich auf das Motiv, das „Wie“ der Darstellung überlagert das „Was“.

Die Radierung zeigt ein zentrales Ereignis der Heilsgeschichte, ohne dass der Betrachter dazu aufgefordert werden würde, Anteil an der Szene zu nehmen.

---

nicht unwesentlich an Tiepolos ersten Versuchen beteiligt war. Vgl. Russell 1972, S. 13. Es ist aber auch möglich, dass er in seinem künstlerischen Umfeld entsprechende Anleitung fand. Succi 1985, S. 34-37, nimmt an, dass eine Zusammenarbeit mit Giuliano Giampiccoli bei Drucken nach Marco Ricci der Ausgangspunkt von Tiepolos Beschäftigung mit der Radierung war. Rutgers 2006, S. 258, hingegen vermutet, dass Tiepolo hierfür bereits über gewisse Fähigkeiten in dieser Technik verfügt haben müsse.

48 Vgl. Knox 1976, S. 19 u. S. 40. Knox zieht diese Beobachtungen auch zur Behandlung der Datierungsfrage heran. Siehe hierzu das folgende Kapitel.

Keiner der Protagonisten, selbst keine der Staffagefiguren der *Anbetung der Könige*, lädt ihn zum Betreten des Bildraumes ein. Weder durch Blicke noch durch Gesten wird er zur *compassio* aufgefordert oder zur Andacht angeleitet. Der religiöse Gehalt des Blattes tritt, da es kein didaktisches Ziel verfolgt, in der Wahrnehmung des Rezipienten eindeutig hinter der kompositorisch wie technisch bemerkenswert hohen Qualität der Ausführung, hinter dem ostentativ präsentierten Könnertum, zurück.

II. 2. 4 Die Datierungsfrage

Die *Anbetung der Könige* ist nicht datiert. Ebensowenig sind dies die übrigen Radierungen Tiepolos, um deren zeitliche Einordnung innerhalb des Werkkomplexes eine lange und intensive Forschungsdiskussion kreist.
Die Parallelen mit den Blättern der *Scherzi di Fantasia* und mit denen der *Capricci* können nur bedingt als Anhaltspunkt für eine mögliche Datierung in Betracht gezogen werden, denn „Tiepolo was a brilliant and shameless recycler of his own inventions“,[49] der einmal gefundene Bildideen und Motive modifizierte und über lange Zeiträume wiederverwendete.[50] Auch die technische Nähe der *Anbetung der Könige* zu den *Scherzi* liefert, da keine eindeutigen Angaben zum Entstehungsrahmen der Serie überliefert sind, keinen Datierungshinweis.[51] Vollständig publiziert erschienen die *Scherzi* erst in dem *Catalogo* Giandomenicos, kurze Zeit nach dem Tode Giambattistas 1770. Sie werden deshalb zumeist später datiert als die *Capricci*, deren erste Auflage bereits 1742 veröffentlicht wurde.[52]

---

49 Brown 1998, S. 27.

50 So findet sich beispielsweise die Figurengruppe eines sitzenden Flussgottes und einer Nymphe, die auf einem Fresko im Palazzo Clerici in Mailand zu sehen ist, etwa zwölf Jahre später im Kaisersaal der Würzburger Residenz wieder. Vgl. Brown 1998, S. 27. Vorlage für Tiepolo waren seine Zeichnungen, die er nach Motivkreisen geordnet in Alben aufbewahrte: *Sole Figure Vestite*, *Sole Figure per Soffiti* und *Vari Studi e pensieri*. Laut Knox wurden die Zeichnungen in den Alben etwa 1761 zusammengefasst. Sorgfältig gesammelt wurden sie in jedem Fall bereits vorher. Vgl. Knox 1975, S. 3–9 und Knox 1996, S. 36.

51 Ausführlich zu den verschiedenen Datierungsansätzen für *Capricci* und *Scherzi* vgl. Rutgers 2006.

52 Vgl. etwa Pignatti 1970, S. 306, Russell 1972, S. 17f. oder Büttner 1998, S. 153. Eine Ausnahme bilden hier George Knox, der wiederholt für eine umgekehrte Datierung

Die vom Großteil der Forschung vertretene Einordnung der *Scherzi* in die 50er Jahre des 18. Jahrhunderts wird wesentlich durch ein 1971 von Lina Christiana Frerichs publiziertes Dokument gestützt. Es handelt sich um eine Rechnung des Pariser Sammlers Pierre-Jean Mariette von 1757, auf welcher unter anderem 20 *Capricci* für 44 Lire aufgelistet sind.[53] Da die thematisch dem Bereich des Capriccio zuzuordnenden *Scherzi* ihren heutigen Titel erst im *Catalogo* Giandomenico Tiepolos erhielten, und die Serie der *Capricci* lediglich zehn Blatt umfasst, liegt es nahe, hier Blätter der noch nicht abgeschlossenen Folge der *Scherzi* zu vermuten.[54]

Dario Succi widerspricht der Annahme, die Radierungen seien erst kurz zuvor ausgearbeitet worden. Er interpretiert eine Notiz auf dem von Frerichs aufgefundenen Dokument, die drei der Radierungen Giandomenicos als „fatte posterior-

plädiert, vgl. etwa Knox 1972, S. 837f. und 841f., ebenso Rizzi, in: Ausst. Kat. Udine 1970, Introduzione (n.p.). Knox geht zudem davon aus, dass sämtliche Radierungen Tiepolos in einer kurzen Zeitspanne um 1743 herum angefertigt wurden. Vgl. Knox 1972, S. 841f. und 1976, S. 10. Bereits in der zweiten Hälfte der 60er Jahre wies Frerichs auf eine *Raccolta* in Dresden hin, von der Heinecken 1771 berichtet. Santifaller 1972a, S. 146-147, zeigt, dass sich im zweiten Band (laut Succi 1988, S. 276-279, erst im dritten Band) dieser *Raccolta* die *Capricci* befinden, die Serie somit vor 1743 statt vor 1749 datiert werden muss. Jüngere Dokumentenfunde – Bettagno fand eine gebundene Version der *Raccolta di varie stampe a chiaroscuro* von Zanetti mit einem handgeschriebenen Titelblatt, welches das Datum 1742 trägt, in der Bibliothek von Castle Howard – sprechen zusätzlich für die frühere Datierung der *Capricci*. Vgl. Bettagno 1998, S. 40. Unterstützt wird diese zeitliche Einordnung durch Rutgers 2006, S. 255, der nachweist, dass zumindest acht der Blätter der *Capricci* bereits vor 1742 entstanden sein müssen und hierdurch Knox' Auffassung, die *Scherzi* seien früher als die *Capricci* zu datieren, unwahrscheinlicher erscheinen lässt. Dass Tiepolo mit den *Scherzi* jedoch bereits Mitte der 1740er begann, legen Radierungen von Matthias Oesterreich nahe, der sich um 1744 in Tiepolos Werkstatt aufhielt und sich wohl nicht zufällig mit Radierungen capricciohafter Thematik befasst hat, die motivisch den *Scherzi* eng verwandt sind. Ich danke Ulrike Boskamp für diesen Hinweis.

53 Vgl. Frerichs 1971a, S. 234-239. Die Rechnung ist datiert auf den 29. Dezember 1757.

54 Für diese These spricht, dass in dem wohl von C. H. Heinecken selbst stammenden Inventar des Kupferstichkabinetts Dresden ebenso wenig zwischen *Scherzi* und *Capricci* unterschieden wird. Es ist, dem Bildgegenstand entsprechend, nur von „caprices" die Rede. Vgl. Santifaller 1972a, S. 148. Die Datierung der *Scherzi* gegen Mitte der 1750er Jahre wird etwa vertreten von Levey 1986, S. 215, Bauer 1990, S. 175 und Busch 1996a, S. 67.

mente“ bezeichnet, als Hinweis, dass diese Drucke nach der Würzburger Zeit entstanden. Daraus folgernd nimmt er an, dass lediglich vier Blätter der Scherzi noch fehlten, während die anderen 20 Radierungen Tiepolos bereits vor 1750 fertiggestellt waren.[55] Es stellt sich jedoch die Frage, welchen Sinn eine Unterteilung in die Zeit vor und nach der Reise nach Würzburg auf diesem Dokument hätte. Es handelt sich um eine Rechnung, nicht um einen Katalog oder gar eine kunsttheoretische Schrift. Wahrscheinlicher ist es, dass die Notiz lediglich auf eine weitere Rechnung verweist, wie auch bereits Rutgers annahm.[56] In jedem Fall liefert das von Frerichs aufgefundene Dokument einen sicheren *terminus ante quem* für die 20 „Capricci“, respektive *Scherzi*.

Auf dem Dokument von 1757 ist neben den 20 *Scherzi* auch die *Anbetung der Könige* aufgelistet. Succi datiert das Einzelblatt aufgrund seiner Auslegung der oben erwähnten Notiz ebenfalls vor 1750. Zudem ordnet er es einer Gruppe *Scherzi* bei, von der er behauptet, sie seien Mitte der 1740er Jahre entstanden, und begründet dies mit verwandten Motiven.[57] Maria Santifaller hält eine Datierung in die 40er Jahre für „gewagt“, jedoch überlegenswert.[58] Sie nimmt an, der

55 Die Datierung vor 1750 und nicht bloß vor die Abreise nach Würzburg 1753 begründet Succi über die weiteren auf dem Dokument genannten Radierungen Giandomenicos, die laut Frerichs vor November 1750 entstanden sind. Succi folgert, dass Giambattistas Radierungen im gleichen Zeitraum entstanden sein müssen. Vgl. Succi 1985, S. 25f.

56 Vgl. Rutgers 2006, S. 262.

57 Er macht dies besonders an dem Gefäß mit Groteskenapplike fest, welches sich auf *Scherzo* V 30 ebenso wie bei der *Anbetung der Könige* findet. Vgl. Succi 1985, S. 41. Zudem nimmt er über Tiepolos Signaturen eine Einteilung der *Scherzi* in drei Gruppen vor. Vgl. ebd., S. 25 und 41. Dieses Vorgehen erscheint jedoch wenig sinnvoll. Es werden dabei die Blätter mit Mehrfachsignaturen ebenso ignoriert wie der Umstand, dass die Signatur jeweils unterschiedlich ins Bildfeld gesetzt ist. Auch sie unterwirft sich dem im Folgenden wiederholt betonten Leitmotiv der Variation und dem Spiel mit der Erwartungshaltung des Betrachters. Wesentlich wahrscheinlicher ist es, die *Scherzi*, auf denen Tannen im Hintergrund zu sehen sind, aufgrund dieses Motivs in die Würzburger Zeit zu datieren und somit nicht vor 1753 einzuordnen. Vgl. Busch 1996a, S. 70.

58 Vgl. Santifaller 1972b, S. 490. Vor der Auffindung des Dokumentes durch Frerichs wurde die Anbetung der Könige teilweise in die 1750er/60er und teilweise in die 1730er/40er datiert. Die spätere Datierung vertrat beispielsweise Pignatti 1965, Nr. I nachfolgend Passamani 1970, S. 38. Die frühere Datierung wurde etwa von Knox in: Ausst. Kat. Cambridge 1970, Nr. 22 vertreten. Knox ordnete das Werk zwischen 1735 und 1740 ein. Ebenso Pignatti 1970, Anm. 23 und Rizzi, in: Ausst. Kat. Udine 1970, S. 82 und Rizzi, in: Ausst. Kat. Udine 1971, S. 81. Auch nach Frerichs Dokumentenfund

Radierung läge eine in den 1740er Jahren entstandene Vorlage zugrunde. Dies begründet sie ebenso motivisch, indem sie auf die Ähnlichkeit der Gruppe von Maria und Kind auf der Radierung mit der Darstellung derselben Gruppe auf einem Gemälde der *Ruhe auf der Flucht* verweist, welches sich heute im Museo Civico in Padua befindet und auf 1742–52 datiert wird.[59] Gerade rein gegenständliche Parallelen dürfen in Tiepolos Werk jedoch nicht als Datierungskriterium herangezogen werden.[60] Definitiv festzuhalten ist bisher also lediglich, dass die *Anbetung der Könige* vor 1757 entstand.

Ein Ziel der vorliegenden Studie ist es, diesem Forschungsstand einen weiteren Datierungsansatz hinzuzufügen: den argumentativen Nachweis, dass das Blatt nicht vor 1749 entstanden sein wird. Giambattista Tiepolo schuf, wie in Kapitel II. 5. 1 und II. 5. 2 ausgeführt wird, die Radierung der Anbetung der Könige in Reaktion auf eine 1749 im Auftrag von Konsul Smith herausgegebene Beschreibung einer *Anbetung der Könige* Sebastiano Riccis. Der Entstehungszeitraum der Druckgraphik kann daraus folgernd eingegrenzt werden auf nach 1749 und vor 1757.

II. 3 Weshalb diese großformatige Radierung?

Das Blatt der *Anbetung der Könige* ist, ebenso wie auch die übrige Druckgraphik Tiepolos, mit großer Wahrscheinlichkeit kein Auftragswerk.[61] Seit dem Beginn der wissenschaftlichen Auseinandersetzung mit den Radierungen hat die For-

vertrat Knox weiter seine Datierung der *Anbetung der Könige* um 1743. Vgl. Knox 1976, S. 40. Die jüngere Forschung, etwa Krückmann 2004, S. 106, geht davon aus, dass die Radierung kurz nach dem Münsterschwarzacher Altarbild entstand.

59 Vgl. Santifaller 1972b, S. 487–489.

60 S.o. und Fn. 50. Für das Blatt der Anbetung der Könige lässt sich eine weitere motivische Parallele ziehen: Ein Krieger aus der Gruppe im Hintergrund findet sich auf einer Triester Zeichnung (publiziert bei G. Vigni, I Disegni del Tiepolo nel Museo Civico Trieste, Padua 1942, Nr. 28) wieder. Diese wird jedoch knapp zehn Jahre früher datiert als die Ruhe auf der Flucht in Padua. Beide Verbindungen sagen nichts über den zeitlichen Entstehungsrahmen des Blattes aus. Ebensowenig gilt dies für das Gefäß auf *Scherzo* V 30 (Abb. 29).

61 Die zu den *Capricci* kursierende Annahme, sie seien im Auftrag Zanettis entstanden, muss aufgrund fehlender Quellen spekulativ bleiben. Vgl. Succi 1985, S. 288.

schung diese deshalb wiederholt als Werke gedeutet, die der Künstler „mehr zu seinem Vergnügen, denn als ernste Arbeiten geschaffen"[62] habe; als Werke, die ihm die Möglichkeit der „Flucht" aus den starren thematischen und ikonographischen Vorgaben der Auftragswerke geboten haben und rein privater Natur seien. Die Druckgraphik allein entzöge sich dem Einfluss und den Vorstellungen derer, denen der Künstler in umfangreichen Zyklen illusionistischer Deckenmalerei huldigen musste; sie sei das Medium gewesen, in dem Tiepolo sich frei entfalten und aus dem Auftraggeber-Künstler-Verhältnis habe ausbrechen können.[63]
Aus verschiedenen Gründen kann diese Lesart nicht aufrecht erhalten werden. Zunächst zeugen zahlreiche Beispiele davon, wie Tiepolo innerhalb des vermeintlich eng vorgeschriebenen Gestaltungsrahmens allegorischer Bildprogramme, die der Verherrlichung eines Adelsgeschlechtes oder eines Staates dienen sollten, ironische Nebenmomente einbaute.[64] Dies sind den Ernst der Szene unterlaufende Motive, welche erst auf den zweiten Blick entdeckt werden, wie zum Beispiel auf dem Rücken fliegende Tauben oder pinkelnde Putti.[65] Darüber hinaus stellte er auch Nebenszenen dar, die zu dem Hauptbild nicht nur in Konkurrenz treten, sondern diesem, durch ihren größeren Reiz für den Betrachter, ganz offen den Rang ablaufen. Svetlana Alpers und Michael Baxandall haben, mit Fokus auf die Fresken der Würzburger Residenz, derartige ästhetische Spielereien im Werk Tiepolos beschrieben und als „Thematisierung des Beitrages des Betrachters" gedeutet. Dieses Spiel des Künstlers mit der „Konfiguration des Zuschauens"[66] findet außerhalb der durch den Auftraggeber festgesetzten ikonographischen Vorgaben statt.

---

62 Vgl. Sack 1910, S. 289.

63 Diese Ansicht wird so etwa bei Pignatti 1970, S. 305, vertreten: „[...] evidemente Gimabattista non le [d. h. die Radierungen] destinava alla diffusione: sì che esse rappresentano soltanto la manifestazione dei «capricci» segreti dell'animo [...] di un artista ben altrimenti soggetto ai pesanti obblighi della pubblicità." Vgl. ebenso Passamani 1970, S.13f, Levey 1986, S. 100, Rizzi, in: Ausst. Kat. Udine 1970, Introduzione (n.p.) und Steward 1996, S. 32.

64 Siehe hierzu Gottdang 1999a, S. 151–168.

65 Zu diesen capriccesken Momenten in den offiziellen Auftragswerken siehe Büttner 1996b, besonders S. 61.

66 Alpers/Baxandall 1996, S. 8–11 und S. 15–17, hier besonders S. 11. Zum Verhältnis des Rezipienten zur Radierung der *Anbetung der Könige* vgl. Kapitel II. 7.

Doch nicht nur in den großen allegorischen Freskenzyklen, die nie starre und unreflektierte Ausführung der Vorgaben von Cesare Ripas im 18. Jahrhundert gerne genutzter *Iconologia* sind, sondern auch im Bereich der Historienmalerei nahm Giambattista Tiepolo sich bemerkenswerte Freiräume. Seine Behandlung der Historie von Jupiter und Danae auf einem Ölgemälde, das sich heute in Stockholm befindet (Abb. 35), erinnert durch die träge, an eine gelangweilte Kurtisane gemahnende Danae und den auf einer Wolke hereinschwebenden, hageren, alten, kaum der Vorstellung einer göttlichen Erscheinung entsprechenden Jupiter bereits stark an Karikatur.[67]

Die Autopsie der Werke Tiepolos erlaubt folglich nicht den Rückschluss, ihm habe es aufgrund zu enger Vorgaben von Seiten der Auftraggeber an künstlerischen Entfaltungsmöglichkeiten gefehlt. Dass er für sein druckgraphisches Meisterwerk, die *Anbetung der Könige*, ausgerechnet auf ein biblisches und damit ikonographisch besonders fest umrissenes Thema zurückgriff, widerspricht ebenso dieser Annahme.

Darüber hinaus weist die einzige Tiepolo zugerechnete kunsttheoretische Aussage darauf hin, dass er das Auftraggeber-Künstler-Verhältnis nicht problematisierte. Er wird am 20. März 1762, nur kurz nach seiner Abreise nach Spanien, in einem Artikel der „Nuova Veneta Gazzetta“ zitiert: Tiepolo habe gesagt, so der anonyme Autor des Artikels, auch unter seinen eigenen Schülern seien einige, die der Meinung wären, genug gelernt zu haben und nicht weiter lernen wollten. Sie sollten aber, so Tiepolo weiter, fleißiger studieren, um die „bedeutenden Werke“ (opere grandi) bewältigen zu können, die den „Nobili Signori e ricchi“ gefallen, da diese den Erfolg eines Künstlers ausmachten, und nicht die „anderen Leute“ (l'altra gente), die sich keine Werke von hohem Wert leisten können.[68] Tiepolos Verständnis künstlerischen Strebens beinhaltet also, über die Steigerung der eigenen Fähigkeiten, Gefallen bei Adel und Oberschicht

---

67 Giambattista Tiepolo, *Jupiter und Danae*, 1734–36, 41 x 53 cm, Öl/Lw., Kunstsammlung der Stockholmer Universität. Vgl. Barcham 1992, S. 69 oder Gottdang 1999a, S. 153.

68 „*Ho udito dire dal Signor Tiepolo stesso che molti giovani, anche fra i suoi allievi, quando credono di sapere qualche cosa, più non vogliono studiare, e arenano quel progresso per cui fare hanno bastante talento. Aggiunse che li Pittori devono procurare di riuscire nelle opere grandi, cioè in quelle che possono piacere alli Nobili Signori e ricchi perché questi fanno la fortuna de' professori e non già l'altra gente, la quale non può comprare quadri di molto valore.* ” Vgl. Bettagno/Magrini 2002, S. 31/32.

zu finden und den damit verbundenen (auch ökonomischen) Erfolg zu erlangen.
Giambattista Tiepolo selbst war Mitte des 18. Jahrhunderts, zu der Zeit, als er sich der Druckgraphik widmete, künstlerisch und finanziell derart erfolgreich, dass er bedeutende und lukrative Aufträge ablehnen konnte.[69] Er litt folglich keine finanzielle Not, die ihn zur Umsetzung jedweder ikongraphischer Vorlage nötigte. Der Topos des unterdrückten, unter den Zwängen und starren ikonographischen Vorgaben der Auftragswerke leidenden Künstlers, der gerne bequem herangezogen wird, wenn Erklärungsnot besteht, greift also, die Radierungen Tiepolos betreffend, in keinem Fall.
Es stellt sich nach wie vor die Frage, weshalb Giambattista Tiepolo sich der Druckgraphik widmete, wenn er sich anschließend nicht besonders um ihre Verbreitung bemühte; weshalb er sie, anders als seine Zeitgenossen es taten, nicht als *Carte de visite* nutzte. Letzteres ist vielleicht zu begründen durch den sich schnell einstellenden Erfolg und großen Bekanntheitsgrad Tiepolos. Es bestand für ihn nicht die Notwendigkeit, sich über Radierungen einem breiteren Publikum bekannt zu machen oder einen Beweis seines Ingeniums zu liefern.
Doch rein privater Natur ist seine Druckgraphik ebenso wenig, wie etwa die für Mariette und Zanetti dokumentierten Abzüge, sowie die erwähnte Publikation der *Capricci* im Anschluss an dessen *Raccolta* belegen. Auch die bemerkenswert hohe Qualität der Blätter, die das ganze Spektrum von Tiepolos Erfindungsgabe und technischem Können aufzeigt und zum eigentlichen Bildgegenstand erhebt, widerspricht dem.
Die Radierungen entziehen sich, da sie frei von religiöser, moralisierender oder in anderer Weise didaktischer Absicht sind, einer im traditionellen Aufgabenfeld der Graphik klar umrissenen Aufgabe. Funktion und Form treten hierdurch in ein eigentümliches Verhältnis, bei dem die Form, das „Wie" der Ausführung und

[69] Es bestand kein Mangel an Aufträgen, wie man aus Tiepolos Briefwechsel – unter anderem mit Francesco Algarotti, einem Kunstsammler, Schriftsteller und Gesandten in Venedig im Auftrag Augusts III. – entnehmen kann. Der Künstler entschuldigt sich regelmäßig für nicht eingehaltene Fristen aufgrund von zu viel Arbeit. Vgl. ebd., S. 31 und 46. Siehe auch Tiepolos Brief an den Kanonikus Lodovico Campo vom 29. Juli 1743, publiziert ebd., S. 104f. Zudem lehnte Tiepolo den prestigereichen Auftrag der Ausmalung des Stockholmer Schlosses wegen zu geringer Bezahlung ab. Vgl. Alpers/-Baxandall 1996, S. VIII.

ihre ästhetische Qualität, wie Holler analysiert,[70] den Vorrang erhält. Die Graphik wird zum Mittel künstlerischer Selbstreflexion.[71] Dass der Form in der Druckgraphik Tiepolos eine besondere Rolle zukommt, ist nicht zuletzt aus seiner bewussten Wahl des zeichnerischen, spontane Einfälle zulassenden Mediums der Radierung ersichtlich, welches durch seine freiere Technik zu gänzlich anderen Ergebnissen führt als der Kupferstich.

Über die Deutung Hollers lässt sich jedoch noch einen Schritt hinausgehen. Das Primat der Form, welches der einzelnen Linie nahezu einen eigenen semantischen Gehalt zuweist, sie zur Virtuosität des Künstlers repräsentierenden, ästhetischen Chiffre auflädt, ist nicht nur in der „offenbaren Funktionslosigkeit“[72] begründet, sondern zugleich konstitutiv für eine neue Funktion.

Tiepolos Radierungen sind, wie im Folgenden weiter auszuführen sein wird, als Sammlerblätter für einen begrenzten und vermögenden Kennerkreis konzipiert. Ausgerichtet auf die Präsentation in einer hochwertigen Graphiksammlung bieten sie, um sich die Aufmerksamkeit des Betrachters zu sichern, die Quintessenz seiner künstlerischen Qualitäten – seiner Schöpfungskraft, seiner *erudizione*[73] und nicht zuletzt auch seiner handwerklichen Virtuosität – auf. Die *Anbetung der Könige* nimmt hierbei, durch ihre ausgesprochen hohe Qualität wie auch durch ihr ungewöhnlich großes Format, die führende Rolle unter Tiepolos Druckgraphiken ein. In ihrer Betrachtung fand der Sammler besonderes ästhetisches, wie auch intellektuelles Vergnügen.

II. 3. 1 Ein Sammlerblatt

Druckgraphik erfuhr im Venedig des 18. Jahrhunderts sowohl von Seiten der Sammler wie der Künstler eine bis dahin nicht gekannte Wertschätzung. Als

---

70 Vgl. Holler 2001, S. 93–102, hier besonders S. 93.

71 Sie „nimmt auf verschiedenen semantischen und syntaktischen Ebenen beispielhaften Bezug auf ihr eigenes „Was“ und „Wie“ als Elemente des künstlerischen Tuns.“ Ebd., S. 93.

72 Ebd.

73 *Erudizione* bezeichnete im 18. Jahrhundert eine Form von angewandter Gelehrsamkeit, die über die reine Aneignung von Wissen um des Wissens willen hinausgeht. Zum Begriff der *erudizione* und zu Tiepolos *erudizione pittoresca* siehe Kapitel III. 2 und III. 3.

wichtigstes Mittel zur Verbreitung von Bildfindungen bot sie Künstlern die Möglichkeit, sich einem großen Kreis potentieller Auftraggeber zu empfehlen. Sie diente der Anleitung von professionellen Stechern und Dilettanten ebenso[74] wie der Buchillustration und der Werbung. Ihr Handel und ihre Produktion gelangten zu einem nicht wieder erreichten Höhepunkt.[75]

Dennoch lässt sich der veränderte Stellenwert der Druckgraphik weniger an ihrem breit gefächerten Aufgabenfeld festmachen, als vielmehr an jenem starken Interesse, welches ihr von Seiten der Sammler entgegengebracht wurde. Einhergehend mit der kritischen Reflektion von Sammlertätigkeit und Sammlungskonzeption, wie auch der daraus entsprungenen Idee einer systematisch angelegten und auf Vollständigkeit abzielenden, „idealen Kupferstichsammlung",[76] wurde die druckgraphische Arbeit zum Gegenstand einer nahezu wissenschaftlichen Betrachtung: Die Sammler brachten auch den Stechern selbst, welche nun zum Teil ebenso gut bezahlt wurden wie Maler, verstärkt Aufmerksamkeit entgegen und wurden zu deren ersten Biographen.[77] Entsprechend war es die zeitgenössische Druckgraphik, welche die höchste Wertschätzung erfuhr und besonders teuer gehandelt wurde.[78] Künstlergraphik rangierte, als der Zeichnung eng verwandt und unmittelbarster Ausdruck des künstlerischen Genies verstanden, vor Reproduktionsgraphik[79] und reiner Gebrauchsgraphik.[80]

---

74 Verschiedene Anleitungswerke erschienen, wie etwa 1760 bei Albrizzi die *Studi di Pittura*, die in ganz Europa vertrieben und bereits 1764 ins Französische übersetzt wurde. Zeichnungen Piazzettas wurden hier jeweils einmal von Pitteri in dessen malerischer Hell-Dunkel-Manier und von Bartolozzi in dessen Umriss-Manier wiedergegeben.

75 Vgl. Buberl 1993, S. 423 und Wiener 1971, S. 203f. Aus der Beliebtheit folgte eine starke Reglementierung durch die Zensurbehörde, um Raubdrucke zu verhindern und die Druckqualitäten zu überwachen. Vgl. Buberl 1993, S. 417 und 422.

76 Verschiedene Handbücher zur Frage der Sammlungskonzeption erschienen, wie zum Beispiel H. J. C. Heineckens *Idée générale d'une collection complète d'Estampes*, Leipzig und Wien 1771.

77 Siehe etwa: G. B. Verci, Notizie intorno alla vita e alle opere de'pittori, scultori e intagliatori della città di Bassano, Venedig 1775. Vgl. Buberl 1993, S. 414f.

78 Vgl. ebd., S. 417.

79 Da die Reproduktionsgraphik die möglichst getreue Wiedergabe eines Werkes zum Ziel hatte, wurde ihre Qualität an der erzielten Ähnlichkeit gemessen. Durch Experimente mit verschiedenen Techniken konnten die Ausdrucksmöglichkeiten im 18. Jahrhundert erweitert und neuartige, qualitativ extrem hochwertige Ergebnisse erreicht werden. Von Antonio Maria Zanetti und John Baptist Jackson wurde etwa der Farbholzschnitt

In den von Sammlern gezahlten Preisen schlägt sich diese Hierarchisierung deutlich nieder. Doch daneben wurden auch Bildgattungen, künstlerische und technische Qualitäten, sowie Blattgröße und Papierbeschaffenheit in die Bewertung druckgraphischer Arbeiten mit einbezogen, wie sich anhand des Verkaufskatalogs der Druckerei Remondini nachweisen lässt.[81] Für durchschnittliche Gebrauchsgraphiken – die „Massenproduktion", die jeweils in größeren Posten abgegeben wurde – kam so eine Preisspanne von einem bis sechzig Lire pro 100 Stück zustande.
Die Radierung der *Anbetung der Könige* hingegen ist als einzelnes Blatt auf der bereits erwähnten Rechnung Mariettes mit elf Lire verzeichnet und somit nicht nur wesentlich teurer als die durchschnittliche Gebrauchsgraphik sondern auch als die an gleicher Stelle erwähnten *Scherzi*. Der Preis stützt die aufgrund von ungewöhnlich großem Format, bemerkenswert hoher Qualität und geringer Verbreitung gefasste These, es handle sich bei der *Anbetung der Könige* um eine für einen begrenzten Sammlerkreis geschaffene Künstlergraphik. Die beiden enigmatischen Serien der *Capricci* und der *Scherzi* werden in der Forschung einhellig dem vom Sammler besonders geschätzten Bereich der Künstlergraphik zugeordnet. Dass ausgerechnet Tiepolos druckgraphisches Meisterwerk, welches den übrigen Blättern durch die Wahl des Themas, Format, Qualität und auch Preis voransteht, keine originäre Bildfindung sei, ist nur schwer vorstellbar.

II. 4 Die *Anbetung der Könige* innerhalb des Werkkomplexes Tiepolos

Die seit 1800 kursierende Annahme, es handle sich bei der Radierung der *Anbetung der Könige* um eine Reproduktionsgraphik, die Tiepolo nach einem seiner

---

wiederbelebt, in Frankreich wurde in der Crayon- oder Punktiermanier gearbeitet und in England und Deutschland wurden ähnliche Ergebnisse mit den Schabkunstblättern angestrebt. Zur Stellung der Reproduktionsgraphik im 18. Jahrhundert vgl. Gramaccini 2001.

80 Wie etwa Buchillustrationen. Vgl. Brakensieg 2003, S. 493.

81 Der *Catalogo delle Stampe in Rame e delle varie Qualità di carte* [...] von 1770 befindet sich in der Biblioteca Correr, Vendedig, Op. Cicogna DD2. Vgl. Buberl 1993, S. 417.

Gemälde in Aranjuez anfertigte,[82] konnte schon 1910 von Eduard Sack widerlegt werden.[83] Doch da das Blatt sich nicht ohne weiteres in Tiepolos übriges druckgraphisches Werk fügen lässt[84] – und zudem über die Entstehungsumstände, wie etwa eine mögliche Auftragsvergabe, die die Wahl des religiösen Themas erklären könnte, nichts bekannt ist –, wurde die Suche nach einem der Graphik zugrundeliegenden Ölgemälde oder Fresko fortgesetzt.
Maria Santifaller bemerkt, dass „das Motiv der Anbetung der Könige und der Heiligen Familie, oft auch als Ruhe auf der Flucht nach Ägypten dargestellt, [. . .] den Meister Zeit seines Lebens bewegt" habe.[85] Für Darstellungen der Hl. Familie oder anderer mariologischer Themen ist dies richtig. Die Szene der *Anbetung der Könige* taucht in Tiepolos Werkkomplex jedoch erst Mitte des 18. Jahrhunderts und, abgesehen von der großformatigen Radierung, nur in einigen, wenigen Zeichnungen, einer Ölskizze und einem heute in der Alten Pinakothek in München befindlichen Ölgemälde auf.

II. 4. 1 Das Münsterschwarzacher Altargemälde

Giambattista Tiepolo schuf 1753, während seines Aufenthaltes in Würzburg, für die Benediktinerabtei Münsterschwarzach ein Altarbild, welches die *Anbetung der Könige* zum Bildgegenstand hat (Abb. 36).[86] Zur Radierung gleichen Themas weist das extrem hochformatige, 425 x 211 cm messende Gemälde, das heute in

---

82 Die Vermutung basiert auf einem Übersetzungsfehler von Céan Bermudez im *Diccionario Historico de los más ilustres Professores de las Bellas Artes en España*, Madrid 1800. Vgl. Santifaller 1972b, S. 485.

83 Vgl. Sack 1910, S. 209. Dennoch wurde diese Fehldeutung in der Folge noch wiederholt vertreten, etwa durch Hind 1921, S. 48. Durch die heute mögliche Datierung vor 1757 (siehe Kapitel II. 2. 4) ist eine Einordnung in die spanische Zeit zudem gänzlich auszuschließen.

84 Anders als die *Capricci* und die *Scherzi*, die als druckgraphische Folgen capricciohaften Inhaltes typische Produkte der Künstlergraphik des 18. Jahrhunderts sind, lässt sich die *Anbetung der Könige* auf den ersten Blick nicht eindeutig dem Bereich der Künstlergraphik zuordnen. Bei oberflächlicher Betrachtung erscheint die Annahme, es handle sich um eine Reproduktionsgraphik, naheliegend.

85 Santifaller 1972b, S. 485.

86 Giambattista Tiepolo, *Anbetung der Könige*, 1753, 405 x 211 cm, Öl/Lw., Alte Pinakothek, Bayerische Staatsgemäldesammlungen, München, Inv. Nr. 1159.

der Alten Pinakothek in München hängt, viele Gemeinsamkeiten, jedoch auch grundlegende Unterschiede auf. Vergleichbar ist zunächst die aus strohbedecktem Holzstall und zwei Säulenstümpfen bestehende architektonische Kulisse, vor der die Szene stattfindet. Auch die Anordnung der zentralen Figuren in einer sich nahezu über die gesamte Breite des Bildfeldes erstreckenden U-Form erfolgt, auf dem Ölgemälde in umgekehrter Lesrichtung zur Radierung, auf eine vergleichbare Weise. Maria präsentiert, diesmal auf der rechten Bildhälfte positioniert, das auf ihrem Schoß sitzende Jesuskind den zwei der drei Weisen, welche bereits zu ihren Füßen knien, während der farbige König wiederum am Bildrand stehend dargestellt ist.
Durch starke Helligkeitswerte wird die aus Maria, Jesus, sowie dem direkt zu deren Füßen knienden König bestehende Figurengruppe auch auf dem Ölgemälde als eigentliches Bedeutungszentrum hervorgehoben und zugleich von dem in dunkleren, erdigen Farben gehaltenen, hier ebenso wie auf der Graphik nur mittelbar am Geschehen beteiligten, Josef abgesetzt. Das im Hintergrund zu erahnende Gefolge, ein Paar Cherubsköpfchen, die prächtige Gewandung der Könige und eines Pagen, sowie die im Bildgrund verteilten Versatzstücke, etwa eine Kürbisflasche oder ein Teil eines zerbrochenen Rades, sind weitere Elemente, die das Ölgemälde mit der Graphik verbinden.
Anders als bei der Radierung tritt beim Gemälde der *Anbetung der Könige* die biblische Historie jedoch nicht – und hierin besteht der grundlegende Unterschied zum druckgraphischen Blatt – hinter der Virtuosität von Ausführung und Komposition zurück. Der religiöse Gehalt der Szene ist, der Funktion des Ölbildes als Altargemälde entsprechend, eigentlicher Bildgegenstand. Heiligenscheine, welche auf der Radierung der *Anbetung der Könige* nicht zu finden sind, setzen das dargestellte Geschehen explizit in eine sakrale Sphäre. Zugleich fungiert der als Rückenfigur am linken Bildrand eingefügte König als Repoussoirfigur, die den zur Andacht aufgeforderten Betrachter ins Bild einführt. Das Verhältnis des Betrachtenden zum dargestellten Gegenstand ist beim Ölgemälde folglich ein anderes als bei der Radierung. Dies gilt ebenso für die Beziehungen der im Bild dargestellten Figuren zueinander. Jesus erwidert den Blick des vor ihm knienden Königs; Maria scheint zu dem ihr auf Augenhöhe gegenüber stehenden farbigen König zu schauen; die Staffagefiguren neben Joseph und dieser selbst blicken auf das Geschehen, das sich vor ihnen im Bildvordergrund abspielt. Anders als die selbstversunkenen, rein auto-

referenziellen Figuren der Radierung stehen die Protagonisten des Gemäldes in Interaktion. Die biblische Historie wird erzählt, eine narrative Szene der Heilsgeschichte dargestellt. Von dem zentralen Geschehen lenkt kein mit diesem in Konkurrenz tretendes Nebenmotiv ab, wie der auffällig ins Bild geschobene Ochse der Druckgraphik. Auch die Fülle von kleineren, kapriziösen Nebenmomenten ist gegenüber der Radierung reduziert. So sitzt Maria beispielsweise nicht auf einem halb im Boden versunkenen, figürlichen Relief, welches die Aufmerksamkeit des Betrachters auf sich zieht, sondern, einer verbreiteten Darstellungskonvention folgend, auf Treppenstufen.

Auf den ersten Blick der Radierung ähnlich, präsentiert das Ölgemälde motivisch und kompositorisch eine wesentlich traditionellere Darstellung des Themas – ganz seiner Funktion als Altarbild entsprechend. In die Graphik der *Anbetung der Könige* hingegen baute Tiepolo verstärkt spielerische, sie so mit den *Capricci* und *Scherzi* verbindende, Elemente ein.

Maria Santifaller folgert aus dem auf Druckgraphik und Ölgemälde sehr unterschiedlich ins Bildfeld gesetzten Ochsen, dass das „bukolische Element" in der Radierung wesentlich dominanter sei, weshalb die beiden Werke sich – auch zeitlich – kaum nahe stünden.[87] Es ist jedoch wenig sinnvoll, aufgrund eines stark variierenden Einzelmotivs als Kriterium, die zahlreichen Gemeinsamkeiten zwischen Gemälde und Radierung auszublenden. Die unterschiedliche Bildwirkung der beiden Lösungen des Themas der *Anbetung der Könige* ist nicht durch den Entstehungszeitraum zu begründen sondern vielmehr der verschiedenartigen Funktion der Werke geschuldet.

---

87 Santifaller 1972b, S. 489. Tiepolos zwischen 1742 und 1745 entstandenes Gemälde der *Ruhe auf der Flucht* für die Kirche S. Massimo in Padua, heute im dortigen Museo Civico, wird von Santifaller mit der Radierung der *Anbetung der Könige* zeitlich in Verbindung gebracht. „Es zeigt die gleiche demutsvolle Haltung der Madonna, die gleiche Art des Sitzens und der Handhaltung von Mutter und Kind, die greisenhafte Darstellung des Heiligen Joseph." Santifaller 1972b, S. 487. Sie bezieht ihren Datierungsversuch jedoch nicht auf das Blatt selbst, sondern auf den „Vorwurf" zur Radierung, da sie letztere für eine Reproduktionsgraphik hält. In Tiepolos Œuvre Datierungsversuche aufgrund von motivischen Übereinstimmungen vorzunehmen, ist jedoch müßig. Vgl. Kapitel II. 2. 4. Pignatti trat bereits 1970 für eine ähnliche Datierung von Ölgemälde und Radierung ein. Vgl. Pignatti 1970, S. 306. Das Ölgemälde ist 1753 entstanden, die Radierung vor 1757 und – wie in dieser Studie nachgewiesen wird – nach 1749. Der zeitliche Rahmen ist folglich vergleichbar.

II. 4. 2 Die Federzeichnungen

Verschiedene Einzelstudien lassen sich zwar motivisch mit Tiepolos Radierung der *Anbetung der Könige* in Verbindung bringen, sie finden sich aber, als häufig verwendete Versatzstücke, auch in anderen Werken des Künstlers wieder.[88] Diese Zeichnungen, die Teil von Tiepolos systematisch geordnetem und sorgfältig archiviertem Motiv- und Figurenrepertoire sind,[89] als vorbereitende Entwürfe zu bezeichnen, wäre zu weit gegriffen. Unter den erhaltenen Zeichnungen gibt es jedoch vier Blätter, die die *Anbetung der Könige* zum Thema haben und Gemeinsamkeiten sowohl mit der Druckgraphik als auch mit dem Altarbild aufweisen.

Im Besitz des Metropolitan Museum of Art befindet sich eine braun lavierte Federzeichnung (Abb. 37),[90] die sich auffällig von der Radierung und dem Gemälde unterscheidet. Anders als bei jenen fehlt eine Einbettung der Szene in ein bildbestimmendes Architekturcapriccio und die Figuren nehmen proportional zum Bildfeld einen größeren Raum ein. Besonders stark variiert ist zudem die Figur des farbigen Königs, der, hinter den beiden anderen Weisen stehend, nach links unten aus dem Bildraum hinaus blickt, während er mit ausgestrecktem Arm nach rechts oben – am eigentlichen Heilsgeschehen vorbei – weist.

Das mit Stufen versehene Podest auf der rechten Bildhälfte, auf welchem Maria thront, ist mit der Umsetzung der biblischen Historie auf dem Ölgemälde ver-

---

88 Dies betrifft insbesondere Details wie Haltungs-, Kostüm- und Kopfstudien, Entwürfe von Helmen, Vasen und Medaillons. Ein Anhänger, der auf einer in Stuttgart befindlichen Kreidezeichnung und auf Tiepolos Fresken im Plazzo Labia zu sehen ist (vgl. Ausst. Kat. Stuttgart/Köln 1996, S. 55), wird beispielsweise fast identisch von dem direkt zu Füßen Marias knienden König getragen. Zu diesem allein sind zudem zwei Studien in der St. Petersburger Eremitage (Inv. Nr. 35187 r. und 35185, beide aus dem Beurdeley-Album), sowie zwei weitere, im Weimarer Schlossmuseum (Inv. Nr. 1422 r) und in der Slg. Count Antoine Seilern, London, erhalten. Für Abbildungen hiervon und weitere Zeichnungen siehe Schneider 1984, Tafel 142–149.

89 Vgl. Fn. 50.

90 Giambattista Tiepolo, *Anbetung der Könige*, undatiert, 417 x 290 mm, Feder, braune Tinte, braun laviert über schwarzer Kreide, Metropolitan Museum of Art, Rogers Fund, 37.165.16.

gleichbar. Ebenso ist dies die Hinwendung des Kindes zum vor ihm knienden, greisen König. Dessen kostbares Gewand wiederum entspricht jedoch, vom fehlenden Ornament des Überwurfes abgesehen, der Darstellung auf der Radierung.

Fast identisch ist die prunkvolle Kleidung dieses Königs auch auf einer weiteren Zeichnung der *Anbetung der Könige* zu sehen, die sich im Kupferstichkabinett in Berlin befindet (Abb. 38).[91] Mit der Radierung hat diese zudem die Figur des farbigen Königs gemein, der in seiner Körperhaltung vollkommen übereinstimmend ist. Er findet sich ebenso auf einer weiteren Federzeichnung in der Achenbach Foundation, San Francisco (Abb. 39).[92] Die beiden letztgenannten Zeichnungen und die Druckgraphik sind durch die Positionierung von Maria und Kind auf der linken Bildhälfte in der Ausrichtung der Komposition zu vergleichen. Auch das aus zwei Säulenstümpfen und einem Holzgerüst bestehende Architekturcapriccio der Zeichnung in San Francisco ähnelt der Hintergrundfolie des druckgraphischen Blattes und der des Ölgemäldes. Die architektonische Kulisse des Berliner Blattes, welche durch eine mittig ins Bildfeld gesetzte, vom oberen Bildrand überschnittene Statue dominiert wird, findet hingegen keine Parallele. Doch in leicht abgeänderter Version ist der im Vordergrund dieser Zeichnung dargestellte Page auch auf dem Münsterschwarzacher Altarbild zu sehen.

Eine vierte Federzeichnung, im Besitz des Cleveland Museum of Art (Abb. 40),[93] zeigt eine weitere eigenständige Bildfindung des Themas der *Anbetung der Könige*. Das Personal ist wesentlich reduzierter und auch das den Hintergrund bildende Architekturcapriccio unterscheidet sich auffällig von den anderen Arbeiten. Dennoch besteht eine deutliche Verwandtschaft: Die Einfassung der Figuren in eine übergreifende, u-förmige Kompositionsstruktur, wie sie bei der Radierung und dem Altarbild bereits zu sehen war, sowie einzelne Bildmotive, etwa das im Vordergrund liegende Teil eines zerbrochenen Rades oder die Gewänder und

---

91 Giambattista Tiepolo, *Anbetung der Könige*, undatiert, 420 x 295 mm, Feder und Lavierung über schwarzer Kreide, SMPK, Kupferstichkabinett Berlin, erworben vor 1879, KdZ 1367.

92 Giambattista Tiepolo, *Anbetung der Könige*, undatiert, 405 x 294 mm, Feder und Lavierung über schwarzer Kreide, Achenbach Foundation for Graphic Arts, California, Palace of the Legion of Honor, San Francisco, Inv. Nr. TL 1653.6.

93 Giambattista Tiepolo, *Anbetung der Könige*, undatiert, 287 x 285 mm, Feder und Lavierung über schwarzer Kreide, Cleveland Museum of Art, Inv. Nr. 1944.474.

Kopfbedeckungen der drei Weisen, verbinden auch diese Zeichnung Tiepolos mit den im Vorhergehenden beschriebenen Werken.

Giambattista Tiepolos Ausführungen der *Anbetung der Könige* sind alle motivisch und/oder kompositorisch miteinander verbunden, ohne dass sich daraus jedoch eine Abfolge oder Entwicklung ableiten ließe. Da die Federzeichnungen ebenso wie die Radierung nicht datiert sind, können sie – sowohl wegen der zeitlichen Nähe zum 1753 entstandenen Ölgemälde als auch aus stilistischen Gründen – nur allgemein gegen Mitte des 18. Jahrhunderts eingeordnet werden.[94] Sie stehen zwar teils der Graphik, teils dem Ölgemälde näher, sind dabei aber weniger „vorbereitende Zeichnungen" zur Graphik, denn eigenständige, jeweils alternative Variationen zur Darstellung dieser Szene der biblischen Historie.[95] Als weiteres Produkt von Tiepolos schier unerschöpflicher Imaginationsgabe spiegeln die Zeichnungen das Interesse des Künstlers an der Modulation eines Themas und seine Virtuosität in dessen Umsetzung wider.

II. 4. 3 Die Ölskizze

Eine weitere Variation der *Anbetung der Könige* zeigt eine weder signierte noch datierte Ölskizze, die sich heute im Metropolitan Museum of Art befindet und

94 Knox, in: Ausst. Kat. Cambridge 1970, S. 21, geht davon aus, dass die Zeichnungen in den 30er Jahren entstanden und in einem heute verlorenen Altarbild kulminierten, welches durch die Radierung der *Anbetung der Könige* überliefert ist. Die Radierung ist jedoch, wie im Folgenden noch zu zeigen sein wird, keine Reproduktionsgraphik und es ist zudem wahrscheinlicher, die Zeichnungen auch in die Nähe des Münsterschwarzacher Altargemäldes zu datieren, siehe etwa Dreyer 1979, Kat. Nr. 74.

95 Erich Schneider schreibt, dass „eine große Anzahl erhaltener *Vorzeichnungen* [es] erlaubt [...], die Entstehung des Münsterschwarzacher Altarbildes präzise nachzuvollziehen. Dabei wird noch einmal bestätigt, dass Tiepolo zunächst von der Komposition der Radierung, bzw. der dieser zugrunde liegenden Studie, ausgegangen ist." Schneider 1984, S. 201. Die Zeichnungen sind nicht datiert und weisen keine stringente Abfolge von der Bildfindung der Druckgraphik hin zu der des Ölbildes auf. Von einer „präzise" nachvollziehbaren Entstehungsgeschichte des Altargemäldes anhand der erhaltenen Zeichnungen kann schwerlich die Rede sein.

Giambattista Tiepolo zugeschrieben wird (Abb. 41).[96] Sie weist auffällig viele Verbindungen zu dem Münsterschwarzacher Gemälde auf und könnte ein vorbereitender Entwurf für dieses gewesen sein. Doch auch die These, es handle sich nicht um eine Ölskizze, sondern um ein kleinformatiges Ölgemälde in Tiepolos spätem, sehr lockeren und skizzenhaften Stil der 60er Jahre, ist nicht von der Hand zu weisen.[97] Der am linken Bildrand positionierte, farbige König und die zentrale, aus Maria, Kind und greisem König bestehende Figurengruppe sind einander auf beiden Werken nicht nur in Komposition, Haltung und Beziehung zueinander äußerst ähnlich: Selbst Ornament der Gewandungen und Farbigkeit stimmen überein. Ebenso vergleichbar ist der rechte Teil des im Hintergrund der Ölskizze befindlichen Architekturcapriccios. Er ist eine modifizierte Anordnung der bekannten Zusammenstellung von zwei Säulenstümpfen und stallartiger Holzkonstruktion. Durch die Hinzufügung einer prächtigen, reich ornamentierten Marmorarchitektur, die in großer Bogenöffnung einen Ausblick in die Bildtiefe erlaubt, und einer auffälligen, sich an einem der Säulenstümpfe festklammernden Staffagefigur, hebt sich auch diese Umsetzung des Themas stark von den übrigen ab.

Unter den bisher besprochenen Werken, die bereits alle bekannten Versionen der *Anbetung der Könige* Tiepolos darstellen, kann somit keines als unmittelbare Vorlage für die Radierung angesehen werden. Da Tiepolo sich vor dem Münsterschwarzacher Altarbild, das heißt vor Mitte des 18. Jahrhunderts, wohl nicht mit der *Anbetung der Könige* beschäftigt hatte, ist davon auszugehen, dass die Zeichnungen, die Ölskizze, das Gemälde und auch die Radierung in einem ähnlichen zeitlichen Rahmen entstanden sind.[98] Der Künstler interessierte sich zu einem bestimmten Zeitpunkt für dieses Motiv und die möglichen Variationsmodi seiner Darstellung. Die wiederholt geäußerte These, es handle sich bei der

---

96 Giambattista Tiepolo (zugeschr.), *Anbetung der Könige*, undatiert., 603 x 476 mm, Öl/Lw., Rogers Fund, 1937, Inv. Nr. 37.165.1. Morassi 1943, S. 31, datiert die Skizze auf nach 1753.

97 Vgl. Krückmann 2004, S. 110.

98 Die Zeichnungen werden von Knox 1970, Nr. 21 in die 30er Jahre datiert, was jedoch auch mit seiner frühen Datierung der Radierung zusammenhängen wird. Russell 1972, S. 28, zweifelt diese Datierung an, vermutet jedoch ebenso, dass die Zeichnungen vor der Radierung entstanden. Krückmann 2004, S. 110, sieht in der Berliner Zeichnung eine mögliche Vorstudie für die Radierung.

Radierung um eine Reproduktionsgraphik, kann über den Vergleich der verschiedenen Ausführungen des Themas nicht gestützt werden.

Diese Beobachtung ist insbesondere schwerwiegend, da keine Quellen von einer weiteren, heute zerstörten oder verschollenen *Anbetung der Könige* Tiepolos berichten, die sich als mögliche Vorlage heranziehen ließe. Sollte die Radierung tatsächlich eine Reproduktionsgraphik sein, so müsste ihr folglich eine nicht dokumentierte Arbeit zugrunde liegen. Es erscheint jedoch unwahrscheinlich, dass Tiepolo für sein großformatiges, äußerst anspruchsvolles druckgraphisches Hauptwerk und in diesem Fall für seine einzige eigenhändige Reproduktionsgraphik ausgerechnet eines seiner Werke zur Vorlage wählte, das zeitgenössisch keinerlei Resonanz erfuhr.

II. 4. 4 Eine Federzeichnung nach Tiepolos Radierung

Das Hauptargument für die These, der Radierung der *Anbetung der Könige* läge ein heute verschollenes Gemälde Tiepolos zugrunde, bildet eine lavierte Federzeichnung, die in der Shickman Gallery in New York aufbewahrt wird (Abb. 42).[99] Dieses nicht datierte und bisher keinem Künstler mit Sicherheit zugeschriebene Werk zeigt seitenverkehrt, doch bis ins kleinste Detail minutiös mit dem druckgraphischen Blatt übereinstimmend, dessen Bildfindung. Grundsätzlich verschieden ist bei den beiden Arbeiten lediglich das Format und die daraus resultierende Bildwirkung. Entgegen dem streng rechteckigen Hochformat der Radierung weist das Bildfeld der Zeichnung einen geschwungenen Verlauf auf, der von einer angesetzten Kalotte am oberen und einem halbkreisförmigen Einschnitt am unteren Ende bestimmt wird. Für Altargemälde der Zeit ist diese Form durchaus charakteristisch. George Knox[100]

99 Unbek. Künstler, *Anbetung der Könige*, nach Giambattista Tiepolos Radierung, undatiert, Feder und Lavierung, weiß gehöht über schwarzer Kreide, auf ursprünglich weißem, braun getöntem Papier, 553 x 394 mm, Shickman Gallery, New York. Knox schrieb die Skizze erst Tiepolo zu, distanzierte sich dann jedoch von dieser Behauptung und schlug stattdessen Giovanni Raggi als Urheber des Werkes vor. Er datiert das Blatt 1735-1740. Vgl. Ausst. Kat. Cambridge 1970, S. 22.

100 Vgl. ebd.

folgend vertreten Maria Santifaller und Erich Schneider[101] deshalb die Ansicht, die Federzeichnung sei nicht nach der Radierung, sondern direkt nach einem Altarbild Tiepolos, beziehungsweise nach einem Bozzetto für ein geplantes aber nie umgesetztes Altarbild entstanden.

Die These überzeugt zunächst, denn Tiepolo sollte ursprünglich ein Gemälde für eine Kapelle der Münsterschwarzacher Abteikirche anfertigen, die später mit einem Altarbild seines Sohnes Giandomenico versehen wurde (Abb. 43).[102] Dieses Bild wiederum weist eine der Federzeichnung äußerst ähnliche Form auf. Wenn die Form des geplanten Altarbildes der Kapelle bei Auftragsvergabe an Giambattista Tiepolo bereits durch eine Rahmung vorgegeben war und Tiepolo für ebendiese Rahmung einen heute verlorenen Entwurf der *Anbetung der Könige* lieferte, bevor man sich – aus nicht bekannten Gründen – dazu entschloss, ihn ein Werk für die benachbarte Kapelle anfertigen zu lassen[103] und an seiner statt seinen Sohn beauftragte, scheint sich das ungewöhnliche Format der Federzeichnung zu erklären. Santifaller folgert, dass „der Meister [...] in der Radierung der Anbetung der Könige keine »invenzione« mit der Radiernadel festgehalten [habe]", es handle sich vielmehr „offensichtlich um die reproduktive Darstellung eines Gemäldes."[104]

Doch es handelt sich nicht „offensichtlich", sondern nur offenbar um eine Reproduktionsgraphik. Der zunächst so überzeugend wirkende Vergleich mit dem Altargemälde Giandomenico Tiepolos hinkt bei näherer Betrachtung. Da die Form der beiden Werke zwar sehr ähnlich, aber nicht identisch ist, greift das Argument der Ausrichtung auf eine vorgegebene Rahmung nicht. Die Federzeichnung ist im Verhältnis breiter und gestauchter als das Ölgemälde und auch der Schwung des oberen und unteren Bildabschlusses stimmen nur in groben

101 Santifaller 1972b und Schneider 1984, S. 201.

102 Giandomenico Tiepolo, *Steinigung des Hl. Stephanus*, 1745, 388 x 203,8 mm, Öl/Lw., bis vor Kurzem in der Gemäldegalerie Berlin, jetzt Staatsgalerie, Residenz Würzburg.

103 Es handelt sich dabei um das heute in München befindliche Altargemälde der *Anbetung der Könige*.

104 Vgl. Santifaller 1972b, S. 490. Ebenso von Morassi 1970, S. 297 und Knox 1972, S. 839 behauptet. Da Santifaller das Blatt der *Anbetung der Könige* als Reproduktionsgraphik für solitär im druckgraphischen Werk Tiepolos betrachtet, meint sie zudem, auch eine „völlig alleinstehende", andere Technik als bei den *Scherzi* und *Capricci* festzustellen (vgl. Santifaller 1972b, S. 490), was sich jedoch meines Erachtens nicht nachvollziehen lässt.

Formen überein.[105] Die beiden Werke müssen nicht zwingend in Verbindung miteinander gesetzt werden.

Auch die verschiedenartige Form des Bildfeldes von Federzeichnung und Druckgraphik lässt sich, von der Prämisse ausgehend, der Radierung läge ein Gemälde oder Entwurf Tiepolos zugrunde, nicht erklären. Der im Bereich der Reproduktionsgraphik angestrebten größtmöglichsten Nähe zum Original wegen berücksichtigen die Radierungen nach Werken Giambattistas aus der Hand seiner Söhne das Format der Vorlage.[106] Weshalb sollte Giambattista Tiepolo selbst bei seiner einzigen eigenhändigen Arbeit dieser Art, dem künstlerisch höchst elaborierten Blatt der *Anbetung der Könige,* einen anderen Weg gewählt haben? Zumal das veränderte Format kompositorische Probleme aufwirft, die ihn dazu gezwungen hätten, den Bereich reiner Reproduktionsgraphik zu verlassen.

Der auf der Radierung dargestellte Stern sowie die von diesem ausgesendeten Strahlen fehlen auf der Federzeichnung, ebenso auch ein Teil der Stallarchitektur. Man müsste nun davon ausgehen, dass Tiepolo diese Motive aufgrund der vergrößerten Bildfläche bei der Druckgraphik hinzugefügt habe. Doch gerade der in der Bibel genannte, die Weisen aus dem Morgenland leitende Stern ist ein wesentliches Element bei der Szene der *Anbetung der Könige* und für ihre Darstellung auf dem druckgraphischen Blatt auch kompositorisch von Bedeutung. Statt von einer Hinzufügung des Sternes bei der Radierung zu sprechen, ist es wesentlich überzeugender, eine Weglassung desselbigen auf der Federzeichnung anzunehmen.

Lediglich der Umstand, dass die Federzeichnung im Gegensinn zur Radierung ausgeführt ist, könnte die Morassi folgend von Santifaller[107] vertretene These stützen, die Zeichnung sei die direkte Kopie eines heute verschollen Originals Tiepolos, während die Radierung, bedingt durch die Umsetzung ins Medium der Druckgraphik, dieses lediglich spiegelverkehrt reproduziere. Doch auch hierin ist

105 Das Gemälde Giandomenicos weist beispielsweise an der Unterkante einen wesentlich flacheren, dafür breiteren Einschnitt auf.

106 So etwa die Radierung nach Giambattista Tiepolos in der Gemäldegalerie in Berlin befindlichen Altarbild des *Martyriums der Hl. Agatha* (ca. 1755, 184 x 131 cm, Öl/Lw., SMPK Gemäldegalerie, Berlin), welche die Rekonstruktion des heute fehlenden, oberen Bildabschlusses erlaubt. Vgl. Ausst. Kat. Venedig 1996, S. 234–239.

107 Morassi 1970, S. 297 und Santifaller 1972b, S. 490.

kein zwingender Grund zu sehen. Die spiegelverkehrte Bildfindung der Zeichnung kann, da sie ein Entwurf für ein Altarbild zu sein scheint, ebenso in einer konkreten Auftragsvorgabe begründet sein und etwa auf lokale Gegebenheiten, wie die Beleuchtung der Kapelle, Rücksicht nehmen.

Die Annahme, es handle sich bei der großformatigen Radierung um eine Reproduktionsgraphik, ist somit unter verschiedenen Gesichtspunkten abzulehnen.[108] Vielmehr spielt Tiepolos Interesse am Ausloten der möglichen Variationen in der Darstellung eines Themas, wie es sich anhand der verschiedenen Zeichnungen der *Anbetung der Könige* gut nachvollziehen ließ und besonders in seinem druckgraphischen Werk deutlich zu Tage tritt, auch bei dieser Radierung eine zentrale Rolle.

Die Federzeichnung der Shickman Gallery hingegen ist keine Kopie nach einem verschollenen Gemälde oder einer heute verlorenen Ölskizze, sondern offenbar das Werk eines unbekannten Künstlers, der sich Tiepolos Radierung der *Anbetung der Könige* als Vorlage wählte.[109] Dass bei der Veränderung des Formates der für die Spannung der Komposition nicht unwesentliche Stern verloren ging und auch Teile der Stallarchitektur nicht mit dargestellt werden konnten, nahm er dabei in Kauf. Aufgrund der eigentümlichen Form des Bildfeldes der Zeichnung in der Shickman Gallery muss keinesfalls auf eine heute verlorene, gemeinsame Vorlage für dieses Werk und die Radierung der *Anbetung der Könige* rückgeschlossen werden. Die Federzeichnung ist nicht als Indiz dafür zu werten, dass die Radierung dem Bereich der Reproduktionsgraphik zugeordnet werden muss.

---

108 Auch Succi 1985, S. 41 nahm bereits an, es handle sich bei der Radierung nicht um eine Reproduktionsgraphik und verweist dabei auf Gandellini 1771, Bd. III, S. 305 der angibt, die Anbetung sei „di sua invenzione.“ Allerdings geht er davon aus, dass Tiepolo das Blatt lediglich zu seinem eigenen Vergnügen geschaffen habe, um sich seines Könnens zu vergewissern. „Giambattista nel fervore dell'impegno grafico, volle a un certo momento cimentarsi con un rame di grande formato, iconograficamente tradizionale, con „capriccioso“, per dimostrare a se stesso, prima che agli altri, le proprie qualità anche in un settore così particolare.”

109 Da die Radierung vermutlich erst in den 50er Jahren des 18. Jahrhunderts entstanden ist, muss in dem Zusammenhang auch die Zuschreibung an Giovanni Raggi überdacht werden. Wie Knox schreibt, arbeitete dieser nur bis 1741 in Giambattista Tiepolos Werkstatt. Vgl. Knox, in: Ausst. Kat. Cambridge 1970, S. xviii.

II. 5 Die Anbetung der Könige – ein Dialog mit Sebastiano Ricci

Die wichtigsten Vorbilder der Darstellung der *Anbetung der Könige* sind für Tiepolos Radierung und das Ölgemälde in der Forschung bereits lange erkannt und unter anderem von Maria Santifaller ausführlich besprochen worden.[110]
Zum einen handelt es sich um Paolo Veroneses heute in der National Gallery, London, und in der Gemäldegalerie Alte Meister, Dresden, befindliche Ölgemälde der *Anbetung der Könige* (Abb. 44 + 45).[111] Sowohl für das übergeordnete Kompositionsschema und architektonische Elemente, wie die beiden abgebrochenen Säulen, als auch für einzelne Figurentypen, etwa die prächtig gewandeten Könige oder den elegant gekleideten Pagen, gaben diese Bilder Anregungen.[112] Zum anderen stützte sich Tiepolo jedoch insbesondere auf eine *Anbetung der Könige* von Sebastiano Ricci, die sich im Besitz des Konsul Smith befand.

Sebastiano Riccis 1726 datiertes Gemälde der *Anbetung der Könige*, heute Teil der Royal Collection in Windsor (Abb. 46), ist dem oben genannten Werk Veroneses in London äußerst ähnlich.[113] Die Hauptfiguren sind in eine u-förmig geschwungene, nahezu die gesamte Bildbreite überspannende, kompositorische Leitlinie eingebunden, während die Hintergrundfolie von einem aus einer Kombination von Holz- und Steinarchitektur, zwei Säulenstümpfen und einer auffälligen Bogenarchitektur bestehenden Architekturcapriccio gebildet wird. Auch die Protagonisten von Riccis Gemälde sind denen Veroneses größtenteils verwandt. Der am Bildrand stehende, farbige König findet sich so jedoch nur auf dem Gemälde Sebastiano Riccis. Da er leicht variiert auch auf der Radierung

110 Schon Hind 1921, S. 50, beschreibt die Verwandtschaft zu Veroneses Londoner Bild.

111 Paolo Veronese, *Anbetung der Könige*, 1573, 355,6 x 320 cm, Öl/Lw., National Gallery, London, und Veronese, *Anbetung der Könige*, nicht datiert (Mitte 16.Jh.), 206 x 455 cm, Öl/Lw., Gemäldegalerie Alte Meister, Dresden.

112 Die beiden Säulenstümpfe finden sich allerdings nur auf der Londoner *Anbetung* Veroneses wieder, welche durch ihre große, mit korinthischen Säulen versehene und reich ornamentierte Bogenarchitektur im Bildhintergrund besonders für Tiepolos New Yorker Ölskizze von Bedeutung war. Veroneses Dresdner Bild scheint speziell die Figurengruppe Maria und Kind betreffend vorbildhaft für Tiepolo gewesen zu sein.

113 Sebastiano Ricci, *Anbetung der Könige*, 1726, 330,2 x 289,6 cm, Öl/Lw., Royal Collection Windsor, Inv. Nr. 1173.

der *Anbetung der Könige* und dem Münsterschwarzacher Altarbild zu sehen ist, hat Tiepolo folglich Riccis Gemälde direkt rezipiert und nicht etwa nur auf das gemeinsame Vorbild Veronese zurückgegriffen.

Veronese war als im 18. Jahrhundert besonders geschätzter venezianischer Künstler des Cinquecento von genereller Vorbildfunktion für Tiepolo.[114] Der Rückgriff auf seine Werke für die Bildfindung von Radierung und Altarbild ist somit nicht verwunderlich und etwaige Hinweise zur Datierung können aus dieser Beobachtung nicht gezogen werden. Doch wie verhält sich Tiepolos Mitte des 18. Jahrhunderts aufkeimendes Interesse an der Darstellung der *Anbetung der Könige* zu Riccis Gemälde aus den späten 20er Jahren? Es ist gesichert, dass Tiepolo für die Benediktinerabtei Münsterschwarzach ursprünglich eine Auferstehung oder Himmelfahrt anfertigen sollte, selbst aber einen Gegenvorschlag mit dem Thema der *Anbetung der Könige* lieferte.[115] Zeitnah, doch unabhängig von dem Ölgemälde und höchst wahrscheinlich ohne Auftrag, fertigte er auch seine einzige eine biblische Historie darstellende Radierung, die

114 Siehe Kapitel III. 6.

115 Wie der Stukkateur Bossi berichtet, lehnte Tiepolo das vorgegebene Thema einer Himmelfahrt unter dem recht fadenscheinigen Verweis ab, dass „er keine Proportion wegen des Platzes finde." Ein Zusatz von unbekannter Hand (evtl. Abt Balbulus) gibt an, es sei keine Himmelfahrt, sondern eine Auferstehung gefordert gewesen. Vgl. Schneider 1984, S. 199. Ein Hochformat eignet sich jedoch hervorragend sowohl für eine Darstellung der Himmelfahrt als auch für die Szene der Auferstehung. Zudem schlägt Tiepolo das Thema der *Anbetung der Könige* vor, obwohl es in der Abteikirche, wie ihm bekannt war, bereits ein erst kurz zuvor entstandenes Bild (1745) gleichen Themas gab. Ein möglicher Grund dafür, dass Tiepolo dennoch die *Anbetung der Könige* wählte, könnte ein ebenso schon in der Abteikirche befindliches Gemälde des Venezianers Giambattista Piazzetta (1682-1754) mit der *Anbetung der Hirten* sein. Um mit diesem Werk seines Landsmannes in Dialog zu treten, eignete sich keine andere Szene besser. Darüber hinausgehend muss Tiepolo aber ein ganz spezielles Interesse an dem Thema und an Riccis Umsetzung des selbigen gehabt haben, wie die zusätzlich zum Ölbild entstandene Radierung belegt. Dass Tiepolo für sein Altarbild der *Anbetung der Könige* Anregungen aus Riccis Gemälde zog, obwohl dieses in Venedig in der Sammlung des Konsul Smith war und Tiepolo sich in Deutschland befand, ließe sich entweder durch bereits in Venedig entstandene und mitgebrachte Skizzen nach diesem Werk oder noch wahrscheinlicher dadurch erklären, dass Tiepolo eine Reproduktionsgraphik von Riccis Bild besaß – Konsul Smith hatte es Nachstechen lassen, vgl. *Descrizione* 1749, Al lettore (n.p.) und Haskell 1996, S. 436.

Anbetung der Könige, an.[116] Das plötzliche, bemerkenswert starke Interesse an der Darstellung dieser Szene und auch an der Auseinandersetzung mit Ricci wurde, wie im Folgenden weiter darzulegen sein wird, durch eine 1749 anonym publizierte, wohl im Auftrag von Joseph Smith entstandene Beschreibung verschiedener in dessen Besitz befindlicher Werke geweckt.

II. 5. 1 Die *Descrizione de' cartoni* [...] von 1749

1749 erschienen in Venedig bei Pasquali eine vermutlich von Abate Pietro Ercole Gherardi verfasste Bildbeschreibung von Kunstwerken im Besitz des Konsul Smith, deren vollständiger Titel

> *Descrizione de' cartoni disegnati da Carlo Cignali e de' quadri dipinti da Sebastiano Ricci, posseduti dal signor Giuseppe Smith. Con un compendio delle vite dei due celebri professori*

lautet und die Tiepolo gekannt haben wird.[117] Anschließend an die Werke von Carlo Cignali werden sieben Gemälde von Sebastiano Ricci beschrieben, deren

[116] Tiepolos Altarbild, die Ölskizze, die Radierung und die Zeichnungen sind mit großer Wahrscheinlichkeit alle in einem relativ engen zeitlichen Kontext geschaffen worden. In Zusammenhang mit den Variationen des Themas durch Giambattista Tiepolo gegen Mitte des 18. Jahrhunderts könnte auch Giandomenicos druckgraphische Serie der *Flucht nach Ägypten* stehen. Diese 24 Blatt umfassende Folge, deren eines Blatt die Datierung 1750 trägt und zwei weitere 1752 und 1753 (vgl. Trottmann 1996, S. 112), weist nicht nur motivische Verwandtschaften zu Tiepolos Radierung der *Anbetung der Könige* auf, sondern widmet sich als Künstlergraphik der ikonographisch ungewöhnlichen, druckgraphischen Darstellung dieses Themenkreises. Die Variation und das Spektrum künstlerischer Darstellungsmöglichkeiten sind hier, ebenso wie etwa auch bei Tiepolos *Capricci*, *Scherzi* und seiner *Anbetung der Könige* das eigentliche Thema. Vgl. Busch 1996a, S. 61.

[117] Wie im Folgenden zu zeigen sein wird, kann es schwerlich ein Zufall sein, dass ausgerechnet die in dieser Publikation beschriebenen Bildmotive und Darstellungsmodi bei Sebastiano Riccis *Anbetung der Könige* auf Tiepolos Radierung eine Modifikationen erfuhren. Giambattista Tiepolo stand in engem Kontakt zu Smiths Umkreis und spätestens seit 1743 auch zu diesem selbst. Eine Radierung von Pietro Monaco nach einem Modello Tiepolos (*Bankett von Antonius und Kleopatra,* heute im Musée Cognacq-Jay, Paris) bezeichnet Smith als dessen Besitzer, ohne ihn als Konsul anzureden. Diesen Rang erhielt er erst 1744, daher die Datierung. Das Modello war später im Besitz von Algarotti

letztes – gleichsam krönender Abschluss der kurzen Schrift – die *Anbetung der Könige* ist. Doch der Autor beschränkt sich bei seiner *Descrizione* nicht etwa auf eine Charakterisierung der verschiedenen im Bild dargestellten Figuren und Gegenstände, ihres Verhältnisses zueinander oder ihrer kompositorischen Verteilung im Bildgrund, sondern er nimmt die Darstellung der *Anbetung der Könige* von Sebastiano Ricci zugleich zum Anlass, um sich mit der dieser Szene zugrunde liegenden biblischen Textpassage auseinander zu setzen und die Darstellungskonvention zu reflektieren.

Zunächst summiert er die in der Bibel zu findenden Angaben zur *Anbetung der Könige*, zitiert Matt. II, 10–11 („intrantes domum, invenerunt Puerum, cum Maria matre eius“) und folgert aus der Information „intrantes domum“, dass Christus von seiner Mutter aus dem vom Märtyrer Justinian an der Mauer Bethlehems lokalisierten Stall der Geburt in ein Haus gebracht wurde, wo er die Huldigungen der Könige empfing.[118] Riccis Hintergrundfolie der *Anbetung der Könige* aber kann,

---

und wurde von diesem Cosimo Mari überlassen, weshalb eine ursprüngliche Auftraggeberschaft Smiths umstritten ist. Vgl. hierzu Bettagno/Magrini 2002, S. 128. Tiepolo war vertraut mit Smiths Sammlung und ein Kontakt zwischen dem Künstler und dem Konsul bestand bereits deutlich vor Erscheinen des zitierten Buches. Ob Tiepolo die *Descrizione* über Konsul Smith direkt oder über das gemeinsame Umfeld kennenlernte, ist nicht klar. Da es auf Smiths Bestreben bei einem befreundeten Verleger herausgegeben wurde, an dessen Verlag Smith selbst Anteile hatte oder ihn zumindest stark unterstützte, ist davon auszugehen, dass er sich selbst auch um die Verbreitung unter Bekannten kümmerte. Vgl. Buberl 1993, S. 416. Die *Descizione* erschien 1749, also zu einem Zeitpunkt, als Tiepolo noch in Venedig weilte. Da das Buch über Gemälde Riccis verfasst ist, ein Künstler, mit dem Tiepolo sich häufig auseinandersetze und für dessen Rezeption er sich auch interessiert haben wird, kann es auch ohne Berücksichtigung der deutlichen Verweise in der Gestaltung der Radierung der *Anbetung der Könige* als höchst wahrscheinlich gelten, dass er das wenig umfangreiche Werk gelesen hat. Die Zuschreibung der *Descrizione* an Gherardi erfolgte unter anderem, da dieser Ricci kannte und sich besonders für das Verhältnis von Text und Bild interessierte. Vgl. Gottdang 1999b, S. 125. Da diese Zuschreibungsfrage nicht Gegenstand der Studie ist, ist im Folgenden neutral von einem „anonymen Autor“ die Rede.

118 „Certo è per attestato dell'Evangelista Matteo II, 10–11, che i Magi colla scorta della stella giunti a Betlemme “intrantes domum, invenerunt Puerum, cum Maria matre eius.” cioè entrati, che furono in casa, vi trovarono il Fanciullo con Maria madre sua. Dalla stalla adunque, contigna, al dire del Martire San Giustino, alle mura di Betlemme, nella quale nato era Gesù, era egli stato trasferito e portato da Maria in una casa, dove fu visitato, regalato, e adorato da que' nobili Forestieri.” Descrizione 1749, S. CXLVII.

wie der Autor erkennt, kaum als ein gewöhnliches Haus oder dessen Innenraum verstanden werden, weshalb er in der *Descrizione* von „una abitazione o casa particolare“ spricht.[119] Ferner bemerkt er die Diskrepanz zwischen den durch die Kirchenväter errechneten 13 Tagen, die zwischen Geburt und Anbetung Christi liegen und der Darstellung des Christkindes auf Sebastiano Riccis Gemälde, welches mit seinem lockigen Haar wesentlich älter wirkt.

Diese Abweichungen von der Überlieferung und vom biblischen Urtext verurteilt er jedoch nicht, sondern – ganz im Gegenteil – er rechtfertigt sie, da der Künstler nicht nur am „valore de suo pennello“, an seinem technischen Können, sondern auch an der „fecondità della mente sua“, der Fruchtbarkeit seiner Geistes, gemessen werde.[120] Die Begriffe, mit denen der Autor der *Descrizione* arbeitet, um die herausragenden Qualitäten des Künstlers herauszustreichen – „fecondità dell'Inventare“, „facilità dell'Eseguire“, „l'armonia del Comporre”,[121] „novità di pensieri, particolarità d'invenzioni, varietà di episodi“[122] – beziehen sich dementsprechend auch auf die künstlerische *Invenzione*, seine Erfindungsgabe. Den Künstlern sei es ebenso wie den Dichtern erlaubt, ihre Fantasie einzusetzen, solange sie nicht die substanzielle Wahrheit der Dinge angreifen;[123] solange sie einen angemessenen, das Dekorum nicht verletzenden Rahmen einhalten. In diesem Zusammenhang wird in der *Descrizione de' cartoni* speziell Sebastiano Riccis Fähigkeit hervorgehoben, „novità“ und „varietà“ mit einer dem Bildgegenstand würdigen Darstellung in Einklang zu bringen,

119 Ebd., S. CXLVII.

120 Ebd., S. CXXV.

121 Ebd., S. LXXVIII.

122 Ebd., S. CXXXVIII.

123 Sebastiano Ricci nutzt, so schreibt der anonyme Autor, „quella libertà discreta e moderata di variare il modo, ma non giammai la verità sostanzial delle cose, che al Pittore è permessa.” Ebd., S. CXLVII. Einige Seiten zuvor zitiert er Messer Bino (Opere Burlesche, Tom I, Cart. 297, vulgarisiertes Zitat nach Horaz, De arte poetica, Vers 9 und 10): „E i Dipintori han poi, come i Poeti, Podestà di far tutto a Fantasia.” Descrizione 1749, S. XCI.
Eine vergleichbare Position vertrat auch Algarotti: „Die eigentliche Kunst, die Kunst der poetischen Erfindung, offenbart sich letztlich in der Ausschmückung dessen, was von der Quelle her vorgegeben ist.“ Zitiert nach Gottdang 1999b, S. 145.

wodurch der Künstler Auge und Geist des Betrachters gleichermaßen zu erfreuen weiß.[124]
Giambattista Tiepolo musste diese Ausführungen geradezu als Herausforderung betrachten. Nicht nur seine Zeitgenossen schätzten ihn für seine Fähigkeit, interessante, ungewöhnliche Bildfindungen und -motive zu entwickeln. Er selbst maß diesem Aspekt seines Schaffens eine besondere Bedeutung bei, wie sich an der kaum überschaubaren Anzahl seiner Zeichnungen zu eng gefassten Themenkreisen, den zahlreichen versteckten, spielerischen Nebenmomenten in seinen Fresken und Ölbildern und vor allem an seinen wenigen, technisch hervorragenden Radierungen ablesen lässt, die neben ihrer handwerklichen Perfektion die „Variation“, das „Capriccio“, zum eigentlichen Bildgegenstand erheben.
Die Beschreibung von Riccis *Anbetung der Könige* in der *Descrizione*, die das Gemälde als äußerst gelungene, fast schon exempelhafte „pittura da un pennello di Fantasia ben regolata“[125] präsentiert, wird Tiepolo den Anreiz gegeben haben, mittels Variationen desselben Bildgegenstandes eine Probe seiner überaus reichen Fantasie zu liefern.

II. 5. 2 Tiepolos Variationen der Bildfindung Sebastiano Riccis

An die Darlegung der durch die Bibel legitimierten Umstände der *Anbetung der Könige* anschließend, beschreibt der Autor der *Descrizione* das Gemälde Sebastiano Riccis. Hierbei schenkt er besonders den Bildmomenten Aufmerksamkeit, die nicht durch Textstellen oder Überlieferung festgeschrieben sind, bei denen somit die Erfindungsgabe des Künstlers besonders zum Tragen kommt.[126] Es sind

124 „Sebastiano fu ed è Pittor, che diletta l’occhio e l’Animo altrui, e tale maggiormente il comprova la qui rappresentata Adorazion de’Magi.” Descrizione 1749, S. CXLVI.

125 Ebd., S. CXLV.

126 Eine ähnliche Ansicht vertritt auch Algarotti: „Das Studium der schriftlichen Quellen ist unerläßlich, weil der Maler sich die zur Handlung zugehörigen Personen, ihre Gemütsregungen, Zeit und Ort der Handlung einprägen muß, um dann passende Begleitumstände hinzuzuerfinden. Die eigentliche Kunst, die Kunst der poetischen Erfindung, offenbart sich letztlich in der Ausschmückung dessen, was von der Quelle her vorgegeben ist.“ Gottdang 1999b, S. 145.

diese Motive, die auch Tiepolo bei seiner Radierung der *Anbetung der Könige* auffällig variiert.

Der die Weisen leitende Stern sendet, wie als erste Beobachtung in der *Descrizione* festgehalten ist, auf Sebastiano Riccis Ölgemälde einen Lichtstrahl aus, dessen Spitze genau auf den Kopf Jesu weist.[127] Auch vom Stern auf der Radierung Tiepolos gehen Strahlen aus. Deren Fokus trifft, obwohl das Licht zur Gruppe von Maria und Kind hin leitet, jedoch nicht den Kopf des Christkindes. Ehe der Blick des Betrachters den Linien zu den eigentlichen Hauptfiguren der Szene folgen kann, bleibt er zunächst am massigen, auffällig in den Lichtkegel eingeschobenen Kopf des Ochsen hängen.

Als nächstes bezeichnet der Verfasser der *Descrizione* den Umstand, dass Jesus seine Hand auf den Kopf eines der Könige legt als „scherzo" Sebastiano Riccis.[128] Der „Scherz", den Tiepolo an dieser Stelle in seine *Anbetung der Könige* einbaut, ist ein weit größerer. Mit zur Seite gewandtem Kopf, vielleicht in die Betrachtung eines der im linken Bildvordergrund dargestellten capricciohaften Versatzstücke versunken, nimmt Jesus keinerlei Anteil an der vor ihm stattfindenden Szene und reagiert überhaupt nicht auf die ihm dargebrachten Huldigungen.

Nach einer kurzen Betrachtung des knienden Pagen auf Riccis Bild[129] – bei Tiepolo ist ein stehender, junger Diener in die Komposition eingefügt – widmet der Autor seine besondere Aufmerksamkeit und die bei weitem längste Passage des Textes dem farbigen König. Dieser sei, da in der Bibel weder Anzahl noch Hautfarbe der aus dem Morgenland angereisten Weisen erwähnt werden,[130] von den Künstlern in die Darstellung der Szene eingeführt worden:

---

[127] Descrizione 1749, S. CXLIX. Der die Weisen leitende Stern ist zwar biblisch, doch er wird, abgesehen von dem Verweis auf seine Funktion als Orientierungspunkt, nicht näher beschrieben. Die Hinzufügung von Lichtstrahlen, die das eigentliche Ziel der Reise der Weisen bildnerisch hervorheben, ist weit verbreitet und etwa auch auf Veroneses *Anbetung der Könige* in London zu finden, wo ein breiter Lichtstrahl direkt auf Mutter und Kind fällt.

[128] Vgl. ebd., S. CXLIX.

[129] Der anonyme Autor widmet sich kaum der Charakterisierung dieser Figur und nutzt sie vorrangig als Überleitung zum farbigen König. Vgl. ebd., S. CL.

[130] „Del numero di que' Personaggi, e del colore delle carnagioni de' corpi loro né pure una sillaba scrisse l'Evangelista San Matteo." Ebd., S. CLIII.

> „Introdussero essi [die Künstler] dunque per effetto di capriccio pittoresco nell'adorazione de' Magi un Moro con sì buon successo di gradimento pubblico, che dove mancasse l'espressione e scolorimento della di lui figura, al Popolo non sembrerebbe di veder pennelleggiata l'Adorazione, come a tant' altri on aggrada rappresentata senza il bue e il giumento al presepe la Natività del Signore."[131]

Die Figur des farbigen Königs als Ganzes wird folglich als malerisches Capriccio, „capriccio pittoresco",[132] verstanden. In seiner Funktion als Projektionsfläche für die Schöpfungskraft des Künstlers begründet sich die außergewöhnliche Gewichtung, die ihm in der Bildbeschreibung zukommt. Dementsprechend machte auch Tiepolo ihn zum Gegenstand einer weiteren auffälligen Variation. Die rhetorisch überspitze Aussage, der „Moro" erfreue sich dermaßen großer Beliebtheit, dass, wo er fehlen würde, das Volk eine *Anbetung der Könige* kaum als solche erkennen könne, nimmt Tiepolo zum Anlass, zugleich mit Riccis Ölbild als auch mit dem Text der *Descrizione* zu spielen. Sowohl auf der Radierung der *Anbetung der Könige* als auch auf Riccis Gemälde steht der farbige König am rechten Bildrand. Doch während er bei diesem in klarer Profilansicht zu sehen ist und sein dunkler Kopf einen deutlichen Akzent vor der hellen, blauen Himmelsfläche bildet, ist der Kopf des farbigen Königs bei Tiepolo in dermaßen starker Verkürzung dargestellt, dass nur die Nasenspitze unter seinem Turban hervorschaut. Ob deren dunkle Farbgebung als eine Charakterisierung der Hautfarbe des Königs zu begreifen oder lediglich auf eine Verschattung zurückzuführen ist, wird auf den ersten Blick nicht ersichtlich.[133] Die Identifizierung des Königs als Mohren erfolgt somit vorrangig aus der Sehgewohnheit.

---

131 Descrizione 1749, S. CLIII–CLIV. Die Aussage ist nicht als Versuch einer historischen Erklärung sondern topisch zu verstehen, im Sinne einer Huldigung der Malerei als „l'introduttrice di opinioni nel Mondo, poco costandole i ritrovati." Ebd., S. CLIII.

132 Er scheint – wie der Autor an anderer Stelle bemerkt – dazu „geboren", „moto alla fantasia di ragazzetti" zu geben. Ebd., S. CLII.

133 Die dunkle Hautfarbe der Hand, die sich ohnehin vor der Gewandung des Königs kaum abhebt, könnte ebenso zunächst mit einer aus seiner Körperhaltung resultierenden Verschattung begründet werden. Vgl. etwa auch die dunkle Verschattung der Hand des Joseph.

Gleichsam noch unterstreichend, was der Betrachter nicht sehen, sondern nur erahnen kann, ist direkt neben dem farbigen König das sich deutlich vom weißen Hintergrund abhebende Profil eines farbigen Pagen zu sehen. Tiepolo hat die Profilansicht des farbigen Königs von Riccis *Anbetung der Könige* adaptiert und auf die Figur eines Pagen übertragen.

Möchte man nun vermuten, dass die Modulationen, die Tiepolo an Riccis Bildfindung der *Anbetung der Könige* vornimmt, auch als rein künstlerische Reflexion der Darstellungstradition unabhängig von der *Descrizione* entstanden sein könnten, so spricht einiges dagegen. Zunächst betreffen die Variationen nicht nur die in diesem Text behandelten Motive, sondern auch die Art und Weise, wie sie angesprochen werden. Dies ist besonders beim Stern und der Figur des farbigen Königs schlagend. Zudem lässt Tiepolos Mitte des 18. Jahrhunderts aufkeimendes Interesse an der Darstellung des Themas auf einen konkreten Auslöser schließen.[134]
Dass Tiepolo den Text der *Descrizione* zur Kenntnis genommen und als Anregung verstanden hat, erklärt nicht nur die singuläre und intensive Beschäftigung mit der biblischen Historie und die Auseinandersetzung mit dem etwa zwanzig Jahre zuvor entstandenen Gemälde Riccis. Es bedeutet zugleich, dass die Radierung der *Anbetung der Könige* nicht vor Erscheinen des Buches ent-

134 Die Tatsache, dass Tiepolo die Ausführung einer Himmelfahrt oder Auferstehung ablehnte, wird mit dem in ihm keimenden Wunsch zusammengehangen haben, eine auf die *Descrizione* und Riccis Gemälde gleichermaßen Bezug nehmende *Anbetung der Könige* anzufertigen. Dass er zudem über das Thema noch eine Verbindung zu Piazzettas bereits in der Abteikirche hängender *Anbetung der Hirten* anknüpfen konnte, wird zusätzlich ausschlaggebend gewesen sein. Auch bei dem Münsterschwarzacher Altargemälde der *Anbetung der Könige* variierte Tiepolo die in der *Descrizione* angesprochenen Bildmomente des Gemäldes Sebastiano Riccis auf eine Art und Weise, die als dialogisch verstanden werden kann. Der Stern sendet keinen Strahl aus, sondern ist hinter einem Holzbalken versteckt; der Page ist nicht zwischen den Königen sondern im rechten vorderen Bildrand als Rückenfigur eingefügt, so als habe er einen anderen Weg genommen; die Hand des Christuskindes berührt den vor ihm knienden König nicht, doch dessen Kopf und der Arm des Kindes grenzen direkt aneinander, so dass es scheint, als könne es ihm jeden Moment an die Nase fassen; der farbige König ist der Figur Riccis zwar sehr ähnlich, vom Gesicht ist jedoch nur ein äußerst kleiner Teil zu sehen.

standen ist. 1749 kann somit der Diskussion um die Datierung des Blattes als *terminus post quem* hinzugefügt werden.

Der Autor der *Descrizione* präsentiert die *Anbetung* Sebastiano Riccis als ein Gemälde, bei dem Variation und Dekorum vorbildlich in Einklang stehen. Riccis fruchtbare Fantasie, seine „fecondità dell'Inventare", würde Intellekt und ästhetisches Empfinden des Betrachters gleichermaßen zufrieden stellen, ohne die Würde und die „Wahrheit" der biblischen Historie zu verletzen oder den Rahmen dessen, was angemessen ist, zu überschreiten. Tiepolo nimmt diese Äußerung zum Anlass, anhand seiner Variation der *Anbetung der Könige* zu demonstrieren, dass innerhalb der Grenzen des Dekorums noch Spielraum ist, dass sich der Rahmen noch erweitern lässt.[135] Er lotet ihn für seine Radierung neu aus, indem er dialogisch sowohl mit Riccis Ölgemälde als auch mit der anonymen Bildbeschreibung operiert. Da die Druckgraphik hierbei eine relativ größere Freiheit erlaubt als die Malerei, kann Tiepolo nicht nur die der Fantasie des Künstler überlassenen Bildgegenstände stärker variieren, sondern auch die Anzahl kapriziöser Nebenmomente erhöhen. Hierin begründen sich die zahlreichen eigenwilligen, auf der Radierung zu findenden Motive, die nicht mit Riccis Gemälde in Verbindung stehen. Es handelt sich hierbei etwa um das figürliche Relief, auf dem Maria sitzt; den alten Mann, dessen Gesicht partiell von einem Gefäß überdeckt wird, so dass es wie ein Totenkopf erscheint; einen zum Gefolge der Könige gehörenden Hund, von dem nur das Hinterteil zu sehen ist; ein Gefäß mit Groteskenapplike; zwei erst bei näherer Betrachtung in der Wolkenformation zu erkennende, rein schematisch angegebene Cherubsköpfe oder auch die Tatsache, dass sich eine Gruppe von drei Cherubsköpfchen nur ein paar Flügel teilt. Im zeitgenössischen Verständnis galt zudem auch eine von der Darstellungsnorm abweichende Haltung der Figuren als „scherzo" oder „capriccio".[136] Die fehlende Interaktion und in sich Versunkenheit der Prota-

135 Tiepolo reagiert zwar auch mit seinem Münsterschwarzacher Bild auf Riccis Gemälde. Die Variationen, die er vornimmt, sind jedoch zurückhaltender, was sicherlich in der Funktion des Gemäldes als der Andacht dienendes Altarbild begründet liegt. Ein für einen Altar bestimmtes Ölgemälde hat einen anderen Grad von Dekorum einzuhalten als eine Druckgraphik.

136 Siehe die bereits erwähnte Passage der *Descrizione*, in der die Tatsache, dass das Jesuskind auf Riccis Gemälde der *Anbetung der Könige* seine Hand auf den Kopf eines der Könige legt, als „scherzo" bezeichnet wird. Vgl. Descrizione 1749, S. CXLIX.

gonisten von Tiepolos Radierung wurde somit, mit großer Wahrscheinlichkeit, ebenso als capricciohafte, ingeniöse Laune des Künstlers verstanden.
All diese Beobachtungen zusammengenommen lässt sich feststellen, dass die Szene der *Anbetung der Könige*, anders als es auf den ersten Blick scheint, nicht der eigentliche Bildgegenstand ist. Stattdessen geht es um die im Rahmen dieser Darstellung möglichen Variationen, um die Grenzen des Dekorum. Die kapriziösen Bildmomente sind das Manifest der schier unerschöpflichen Fantasie des Künstlers. Sie belegen dessen Fähigkeit, den Betrachter auf ästhetischer wie intellektueller Ebene gleichermaßen anzuregen. Das „Wie“ der Darstellung überlagert wiederum das „Was“.[137] Dies bedeutet jedoch zugleich, dass die biblische Historie keineswegs so isoliert innerhalb von Tiepolos druckgraphischem Werk steht, wie es in der Forschung zumeist dargestellt wird und auch zunächst nahe liegt.

II. 6 „Konfiguration des Zuschauens“ – Die Rolle des Betrachters

Unter der Beobachtung, dass die Form bei der Radierung der *Anbetung der Könige* den Inhalt bestimmt, konnten zwei Aspekte zusammengefasst werden: Zum einen das mittels hoher handwerklicher Qualität und technischer Virtuosität zur Schau gestellte Könnertum und zum anderen die über die *Descrizione* erfolgende Auseinandersetzung mit Ricci, welche zugleich eine Reflexion der Darstellungstradition im Allgemeinen darstellt.[138]

---

137 Wie es auch bereits von Holler für die beiden druckgraphischen Serien der *Capricci* und der *Scherzi* und im Rahmen dieser Studie für die ungewöhnlich hohe Qualität des Blattes der *Anbetung der Könige* festgestellt wurde. Vgl. Kapitel II. 2. 3.

138 Die über die Beschreibung der *Descrizione* erfolgte Reaktion auf Riccis Gemälde ist nicht als Paragone mit absolutem Anspruch zu verstehen. Tiepolo wählte zur Umsetzung seiner stärker den Rahmen des Dekorums ausreizenden, capricciohaften Bildidee die Druckgraphik. Sein Münsterschwarzacher Altargemälde orientierte sich ebenfalls an Riccis Bild, ist jedoch konventioneller als die Radierung. Hiermit zeigte Tiepolo deutlich, dass er sich der unterschiedlichen künstlerischen Freiheiten in den beiden Medien bewusst war. Er bot alternative Vorschläge zur Darstellung der *Anbetung der Könige,* wobei die Fantasie der eigentliche Ausgangspunkt der Bildfindung war, nicht der Wettstreit mit Ricci. Die Auseinandersetzung mit diesem erfolgte, der venezianischen Kunsttheorie seit

Indem Tiepolo bei seiner *Anbetung der Könige* von einer konventionellen Bildfindung abweicht, spielt er darüber hinaus mit der Erwartungshaltung des Betrachters und dessen Neigung, Sinn zu konstruieren. Mittels Ellipsen und zahlreicher capricciohafter Momente macht er diesem seine Haltung als Zuschauer bewusst. Tiepolo thematisiert damit zugleich den Vorgang des „Betrachtens" an sich. Svetlana Alpers und Michael Baxandall haben diesen Aspekt von Tiepolos Schaffen beispielhaft an den Fresken und Ölgemälden herausgearbeitet und als „Konfiguration des Zuschauens"[139] charakterisiert. Die Umkehr der Erwartung, wie Figuren zu interagieren haben, die damit einhergehende, häufig fehlende Beziehung zwischen den Figuren untereinander wie auch zwischen Figur und Betrachter, die Kombination von Wiederholung und Unbestimmtheit sowie die Notwendigkeit, den Standpunkt zu verändern, um das Werk als Ganzes zu erfassen, begreifen sie als Ausdruck des Genius des Künstlers. Beide konstatieren diese „Konfiguration des Zuschauens" nicht nur für die Fresken und Gemälde sondern ebenso für die druckgraphische Serie der *Scherzi*.[140]
Auch für das Blatt der *Anbetung der Könige* ist dieses von Alpers und Baxandall beobachtete Spiel mit der Erwartungshaltung des Betrachters von zentraler Bedeutung. Es findet hier jedoch nicht nur in den irritierenden Nebenmomenten oder begleitenden Staffagefiguren statt, sondern, über die Auseinandersetzung

dem 16. Jahrhundert entsprechend, als dialogischer Umgang mit dem Vorbild. Zur Dialogform in Kunsttraktaten vgl. Rosen 2003.

139 Alpers/Baxandall 1996, S. 9–20, besonders S. 11. Nach Werner Busch 1977, S. 216–219 der ähnliche Beobachtungen für die *Capricci* traf, sind Svetlana Alpers und Michael Baxandall damit die ersten, die sich einer intensiven Untersuchung der Ambivalenzen und der räumlichen Verunklärung als zentralem Aspekt von Tiepolos Schaffen widmen. Sie gelangten damit zu ähnlichen Ergebnissen wie Ulrike Andersson 1984, die anhand der Fresken der Villa Valmarana Tiepolos Prinzip der „Desillusionierung" herausarbeitete. Vgl. Aurenhammer 1996, S. 108.

140 Alpers/Baxandall 1996, S. 1, 11 und 17. Besonders auffällig ist diese Thematisierung des Beitrags des Betrachters in den *Scherzi*, in denen unerwartet Pulcinella, eine Kunstfigur der Comedia dell'arte, auftaucht oder in denen, die einen der *Ruhe auf der Flucht* ähnelnden Bildaufbau aufweisen. Vergleichbare „Spielereien" finden sich auch im Werk Giandomenico Tiepolos, der zwei Zeichnungen zu einer Szene der Alexander–Historie (*Apelles malt Campaspe*) anfertigte. Von der Komposition her sind beide Blätter vollkommen identisch, doch auf dem einen sind sämtliche Figuren durch Pulcinella ersetzt (beide Zeichnungen befinden sich in Privatsammlungen und sind publiziert im Ausst. Kat. Venedig 2004a, S. 58).

mit der Darstellungstradition, auch in den die Protagonisten der Szene betreffenden Variationen. Es sei nur beispielhaft nochmals auf die mangelnde Interaktion, speziell zwischen dem Jesuskind und den Königen, oder den nahezu fehlgelenkten Lichtstrahl des Sterns hingewiesen.

Tiepolos ironischer Umgang mit dem Beitrag des Betrachters ist ebenso für seine Karikaturen charakteristisch, wie sich besonders deutlich an einer heute in der National Gallery of Ontario, Toronto, befindlichen Zeichnung ablesen lässt (Abb. 47).[141] Sie zeigt eine in wenigen Linien umrissene und nur schwach lavierte Figur eines Mannes mit Degen, dessen rechter Arm nur drei Finger hat und dessen linker, angewinkelter Arm jeglicher Anatomie widerspricht. Kein Betrachter würde bei dieser Arbeit von an sich zweifelhafter künstlerischer Qualität eine Signatur erwarten, doch Tiepolo setzt ausführlich und sorgfältig kalligraphiert: *Gian: Bap^a^: Tiepolo Inv: et delin.*[142] auf das Blatt. Form und Inhalt der Unterschrift stehen in offensichtlichem und absichtlichem Widerspruch zum dargestellten Bildgegenstand. Tiepolo erlaubt sich den humorvollen Scherz, die sehr simple Zeichnung unter explizitem Verweis auf Eigenhändigkeit und Urheberschaft der Bildidee wie ein bedeutendes Werk zu signieren.[143]
Ironische Momente sind ebenso in Giambattista Tiepolos Historienmalerei und in seinen mythologischen Bildern zu finden, wie Andrea Gottdang anhand des erwähnten Bildes von *Zeus und Danae* oder der *Entführung der Europa* beschreibt.[144] Wie sie beobachtet, trifft „in letzter Konsequenz [...] die Ironie sogar nicht so sehr den Teil des Mythos, der bei Ovid nachgelesen werden kann, sondern den, der von der Malerei hinzugedichtet und mit Begeisterung weiter „erzählt“ worden war. Er allein ist die Quelle, aus der die komischen Motive gespeist werden.“[145] Eben dies gilt, wie zu beobachten war, auch für Tiepolos

141 Giambattista Tiepolo, *Karikatur eines Mannes mit Degen*, Federzeichnung, National Gallery of Ontario.

142 Aufgelöst: Giovanni Baptista Tiepolo invenit et delineavit.

143 Mit der Signatur spielt Tiepolo auch auf den Blättern der *Scherzi* durch Mehrfachsignaturen oder versteckte und verschlüsselte Unterschriften. *Scherzi V 22–V* 25 (Abb. 21–24) etwa sind spiegelverkehrt signiert und nehmen durch den scheinbaren Fehler Bezug auf das gewählte Medium der Druckgraphik.

144 Giambattista Tiepolo, *Entführung der Europa*, ca. 1725, Öl/Lw. , 134 x 99 cm, Galleria dell'Accademia, Venedig. Vgl. Gottdang 1999a, S. 155f.

145 Ebd., S. 156.

Umgang mit der biblischen Historie bei seiner Radierung der *Anbetung der Könige*. Ungewöhnliche und fantasievolle Darstellungen werden in die Komposition eingeführt, ohne die eigentliche „Wahrheit" und Würde des Bildgegenstandes zu verletzen. Tiepolo geht an die Grenzen dessen, was das Dekorum erlaubt. Er überschreitet sie jedoch ganz bewusst nicht. Dies ist auch deutlich bei der extrem kleinformatigen Radierung des *Hl. Joseph mit Kind* zu sehen (Abb. 48).[146] Abgesehen von einem Stück des Stockes des Hl. Joseph in der unteren linken Bildecke verzichtet Tiepolo auf jegliche Hinzufügung von Attributen wie etwa Heiligenscheinen. Dennoch bleibt das Thema benennbar und wird aufgrund der Sehgewohnheit vom Betrachter nicht als ein alter Mann mit Säugling identifiziert – ebenso wie die *Anbetung der Könige* entgegen der überspitzen Formulierung in der *Descrizione* auch ohne einen klar erkennbaren farbigen König eindeutig als biblische Historie zu entschlüsseln ist. Der Betrachter ist jedoch stärker gefordert als bei einer konventionellen Umsetzung des Themas.

Tiepolos Spiel mit den Grenzen des Dekorum und der Darstellungstradition des Themas, im Sinne der von Alpers und Baxandall konstatierten „Konfiguration des Zuschauens", führt zu einer stärkeren Bemühung des Betrachtenden, wodurch diesem ästhetisches und intellektuelles Vergnügen zugleich bereitet werden soll. Sowohl die hohe Qualität und das ungewöhnlich große Format von Tiepolos Radierung der *Anbetung der Könige* als auch die geringe Verbreitung sind, so die im folgenden vertretene These, damit zu begründen, dass das Blatt auf eine Präsentation innerhalb einer hochkarätigen Sammlung ausgelegt ist.

[146] Giambattista Tiepolo, *Hl. Josef mit Kind*, undatiert, 96 x 87 mm.

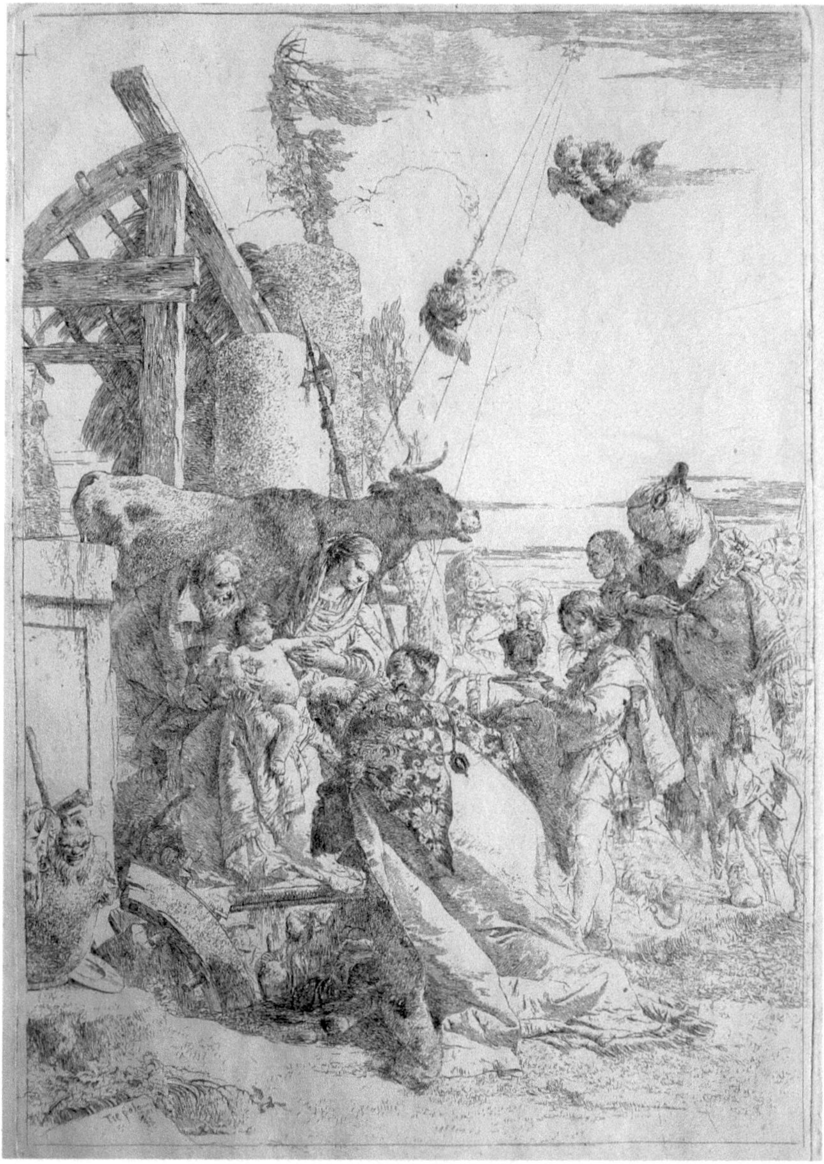

Abb. 1, V 1, Giambattista Tiepolo, *Anbetung der Könige*, zw. 1749 und 1757, 413 x 238 mm, Radierung, 1. Zustand, Hamburger Kunsthalle, Kupferstichkabinett, Inv. Nr. 2954

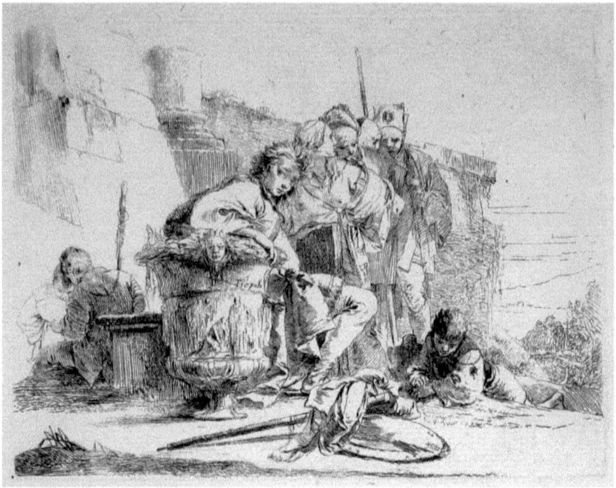

Abb. 2, V 3

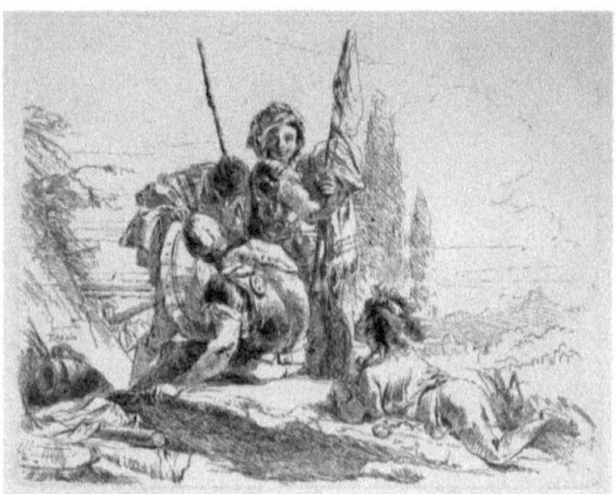

Abb. 3, V 4

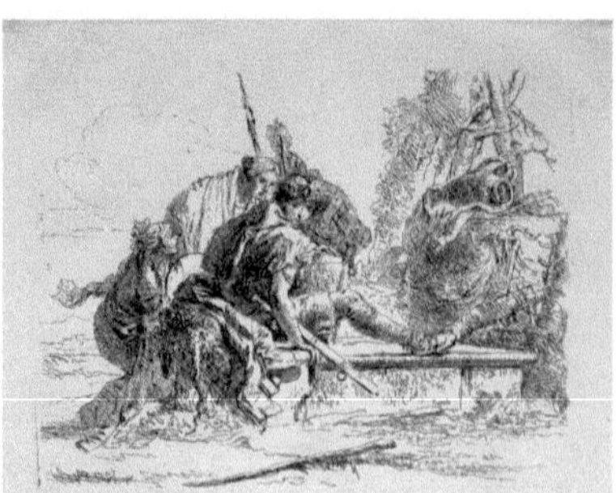

Abb. 4, V 5

Abb. 2–11, Giambattista Tiepolo, *Capricci*, 10 Radierungen, vor 1742, je etwa 130 x 170 mm, Hamburger Kunsthalle, Kupferstichkabinett, Inv. Nr. 3019, 3016, 3015, 33885, 3011, 33886, 3012, 33887, 3013 und 33888

Die Nummerierung V 1– V 35 folgt De Vesme 1906.

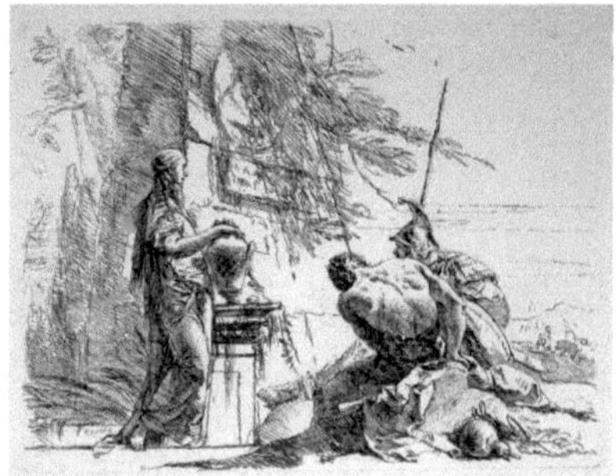
Abb. 5, V 6

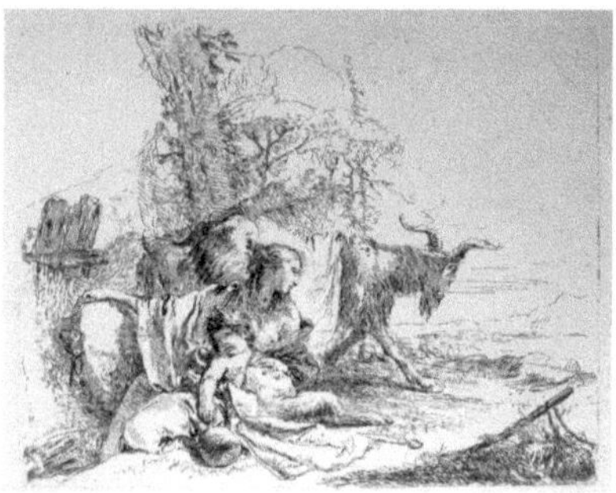
Abb. 6, V 7

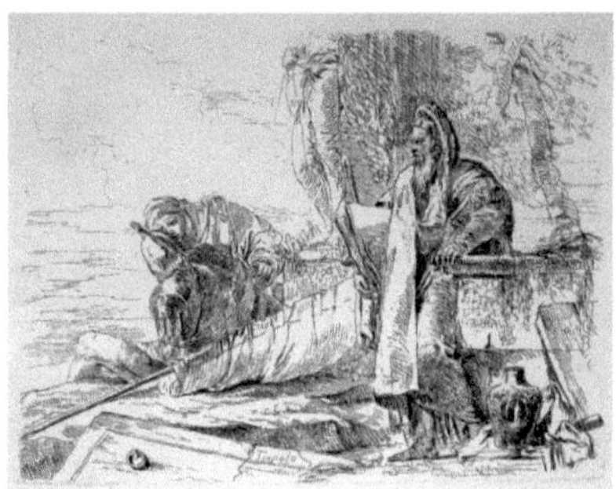
Abb. 7, V 8

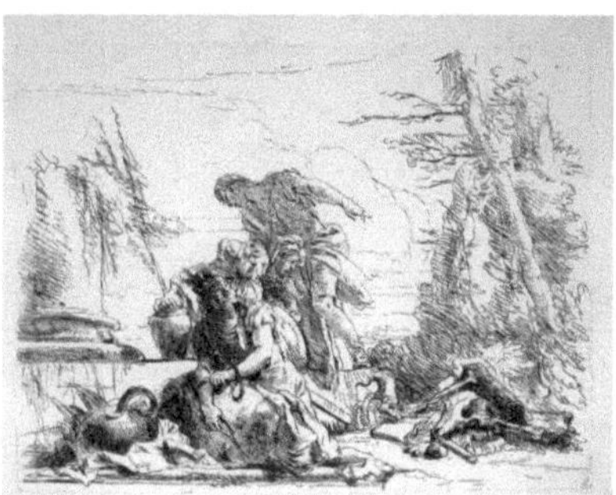
Abb. 8, V 9

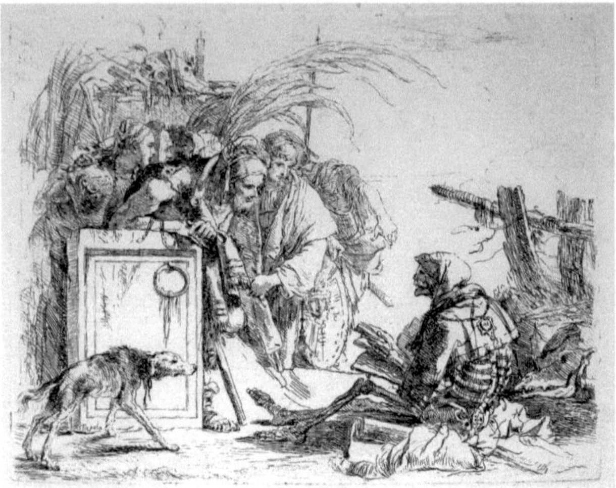

Abb. 9, V 10

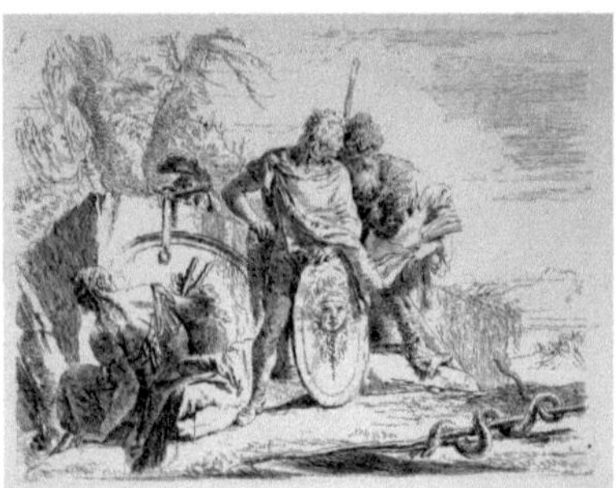

Abb. 10, V 11

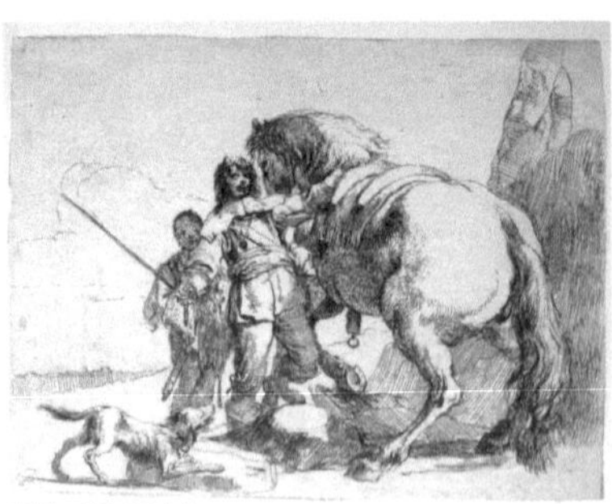

Abb. 11, V 12

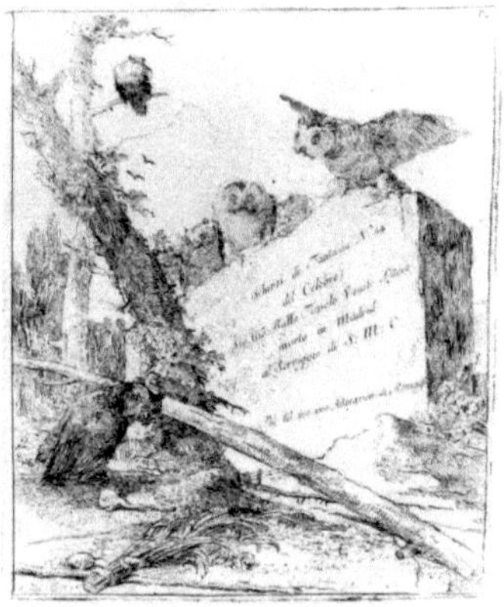

Abb. 12, V 13

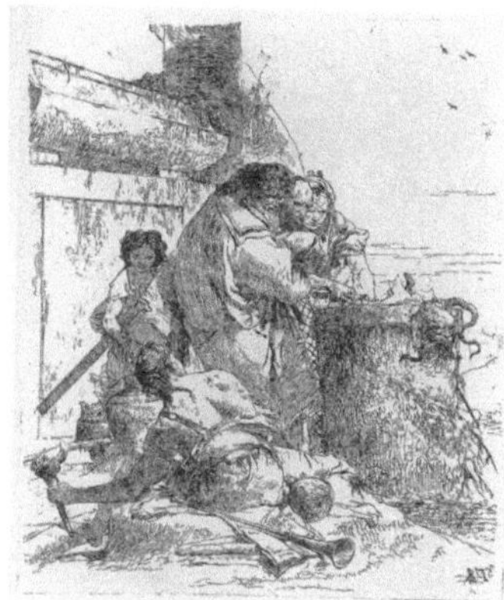

Abb. 13, V 14

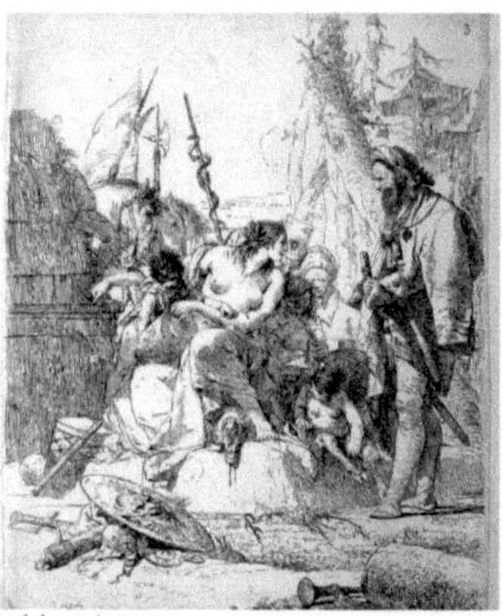

Abb. 14, V 15

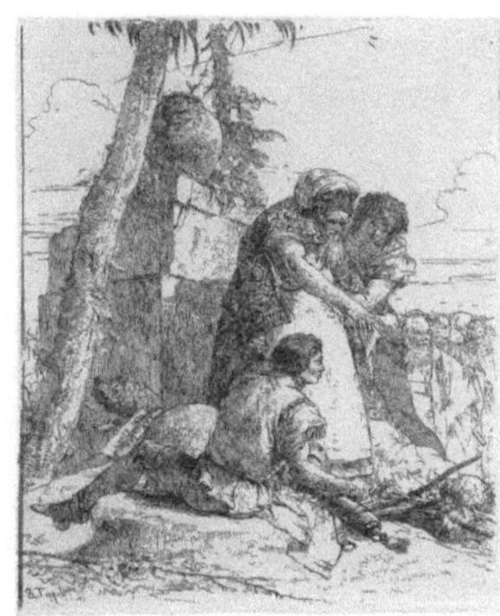

Abb. 15, V 16

Abb. 12–34, Giambattista Tiepolo, *Scherzi*, 23 Radierungen (24 mit Abb. 48), um 1757, je etwa 220 x 170 mm, Privatbesitz und Hamburger Kunsthalle, Kupferstichkabinett, Inv. Nr. 33881, 33882, 33883, 33884, 2955, 3010

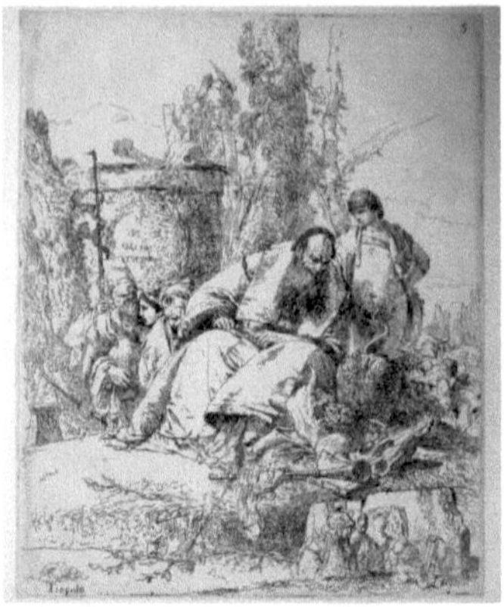

Abb. 16, V 17

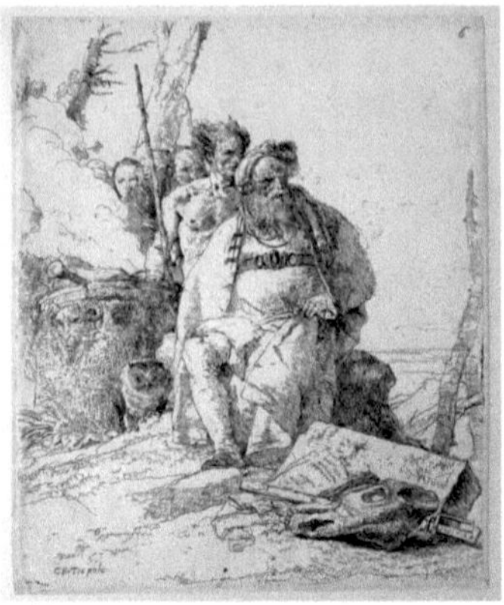

Abb. 17, V 18

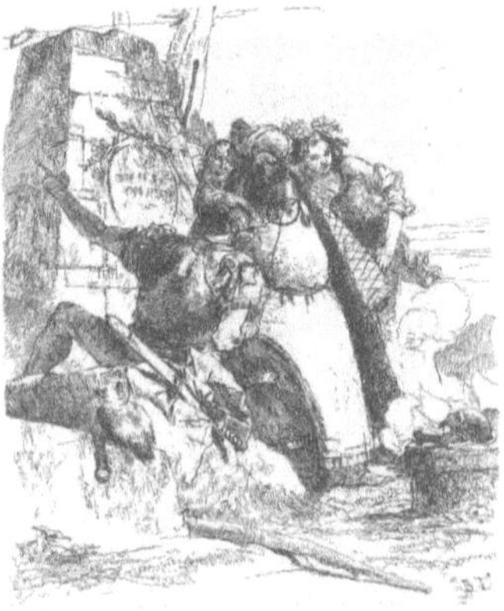

Abb. 18, V 19

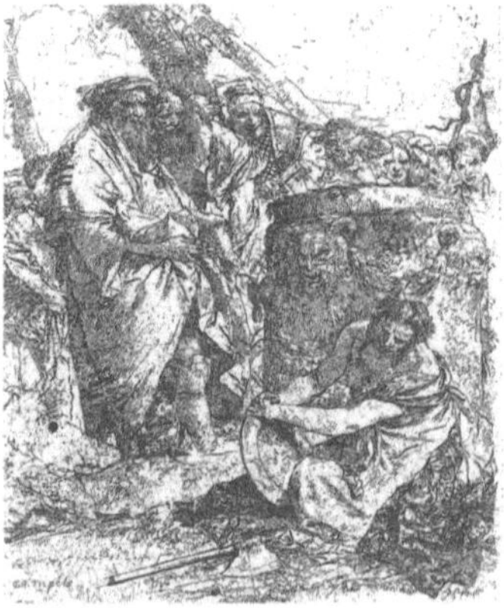

Abb. 19, V 20

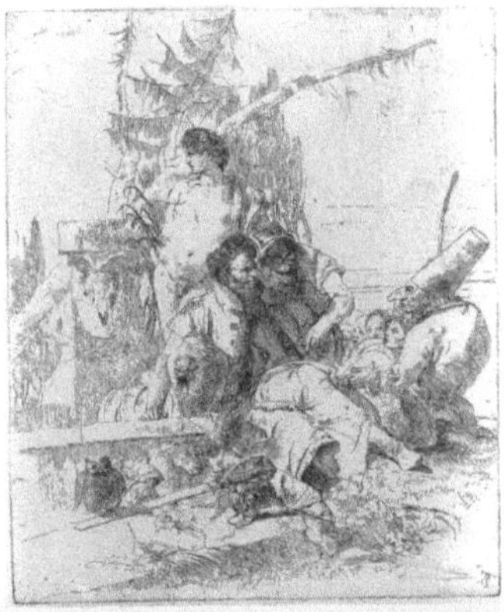

Abb. 20, V 21

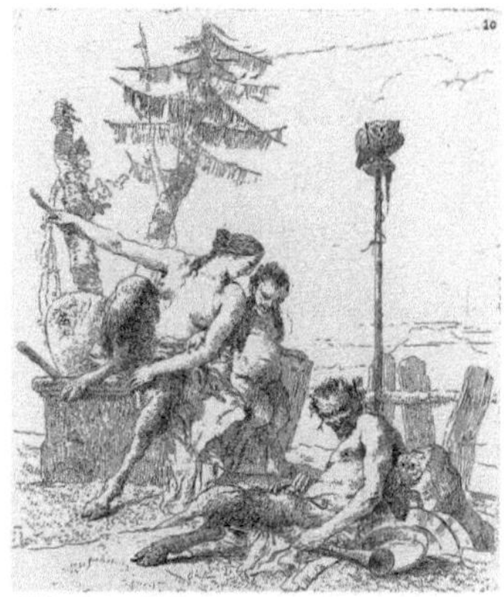

Abb. 21, V 22

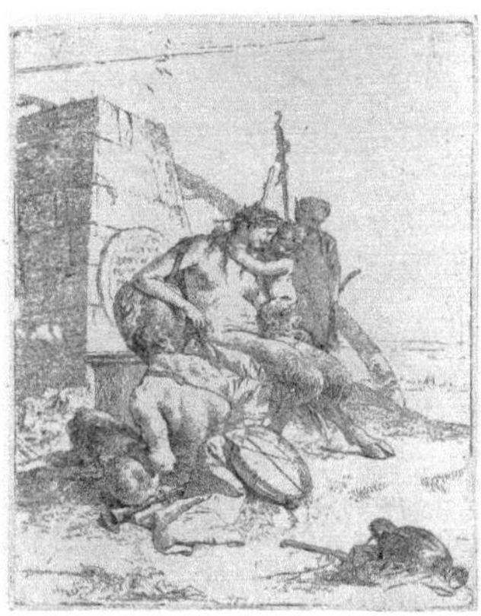

Abb. 22, V 23

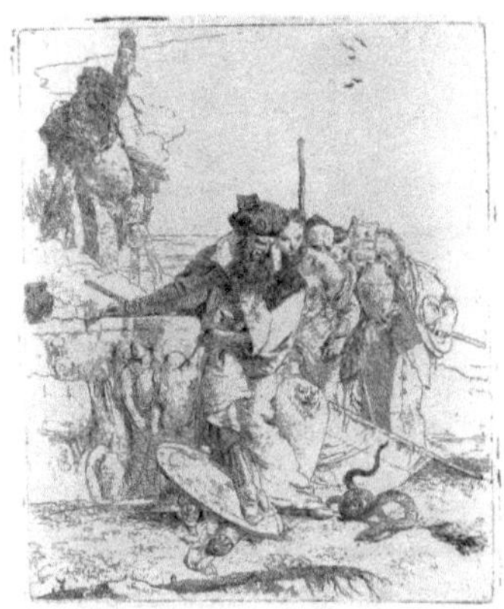

Abb. 23, V 24

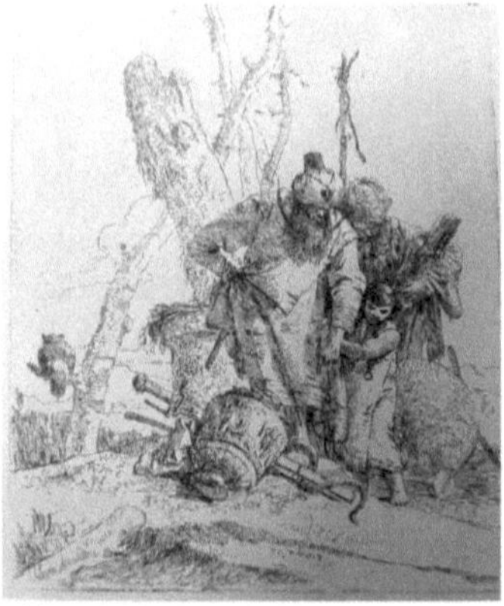

Abb. 24, V 25

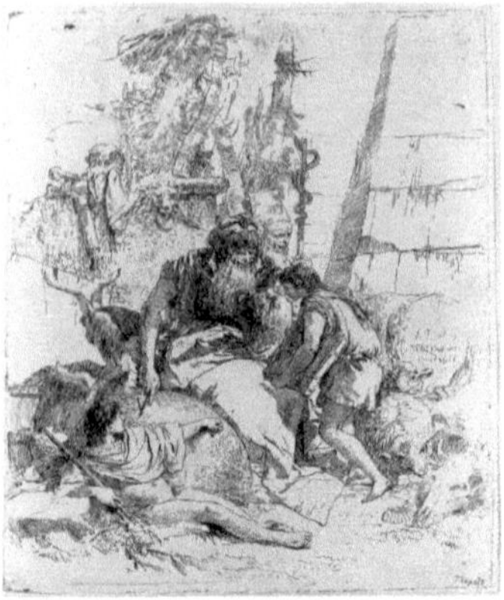

Abb. 25, V 26

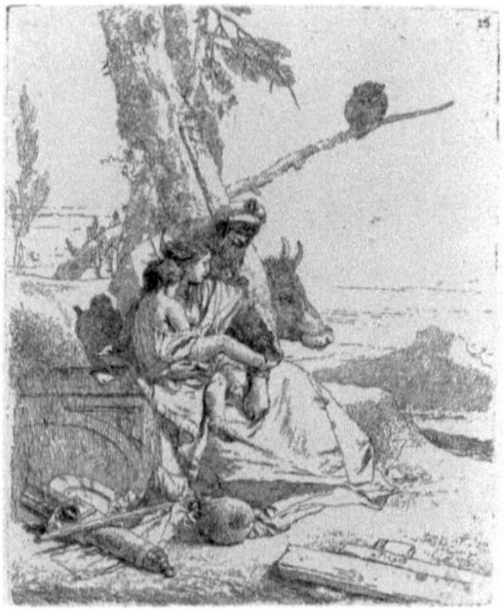

Abb. 26, V 27

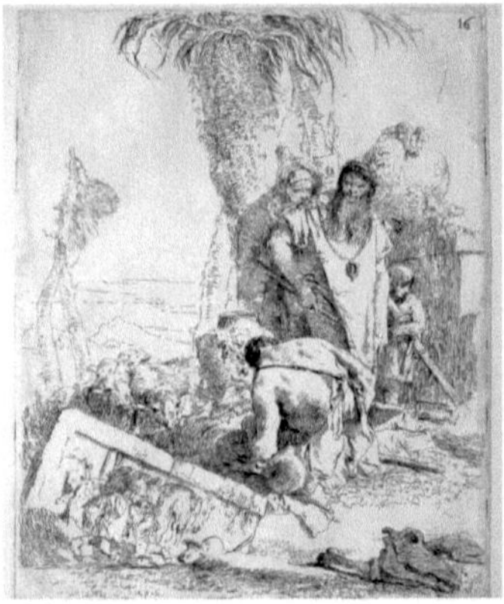

Abb. 27, V 28

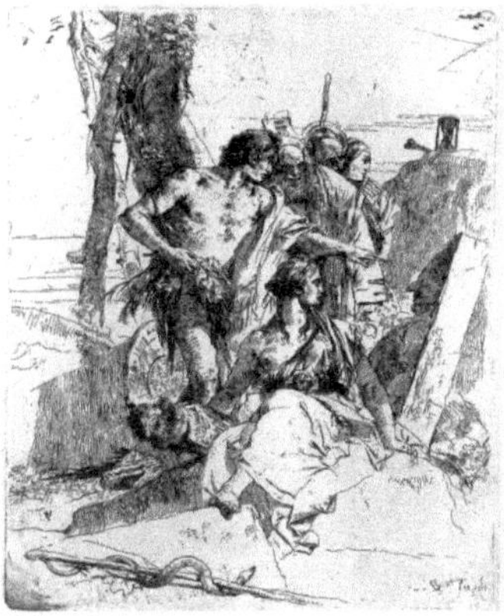

Abb. 28, V 29

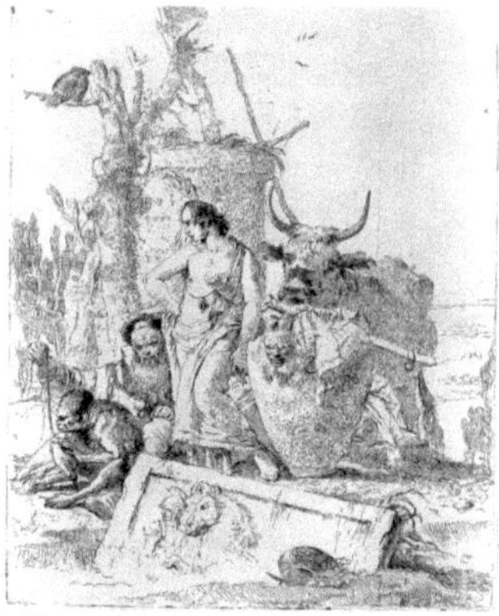

Abb. 29, V 30

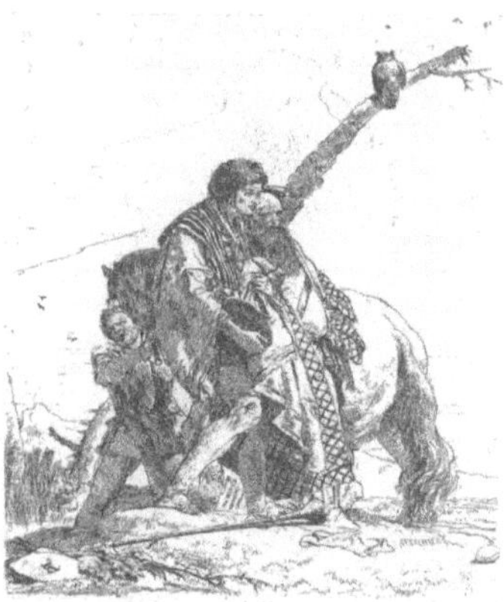

Abb. 30, V 31

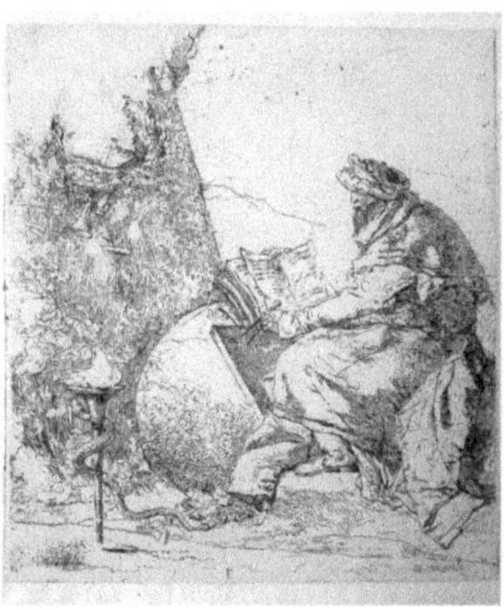

Abb. 31, V 32

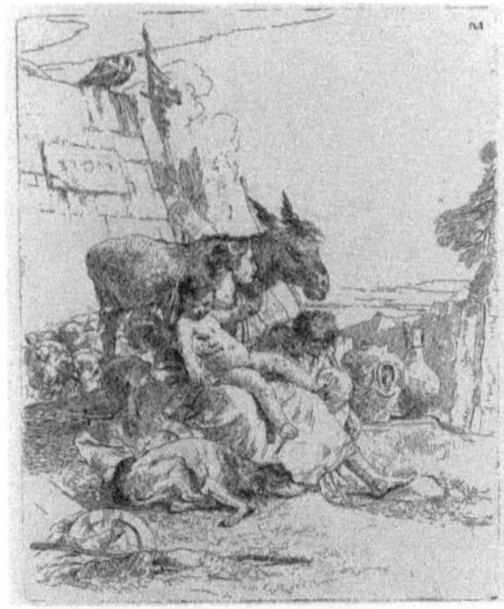

Abb. 32, V 33

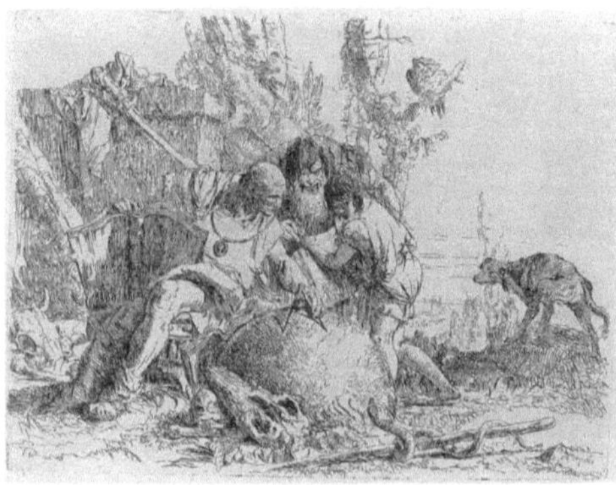

Abb. 33, V 34

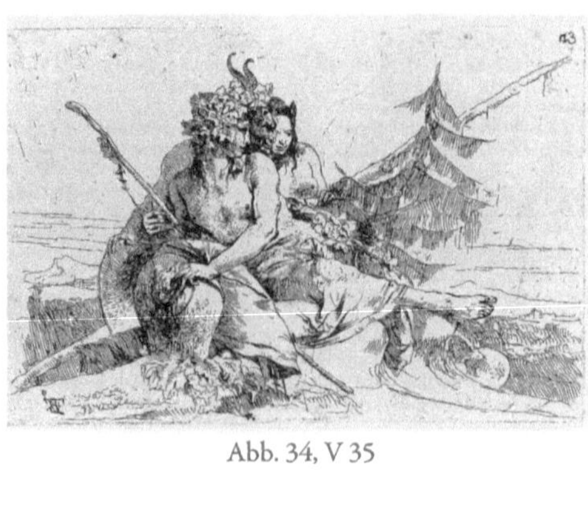

Abb. 34, V 35

III. Rezeption und Resonanz

III. 1 Tiepolos Radierungen und die Sammler

Tiepolos Graphik erfreute sich zu dessen Lebzeiten zwar keiner umfangreichen Verbreitung, wohl aber einer deutlich belegbaren Anerkennung, die sich anhand von erhaltenen Notizen nachvollziehen lässt. Antonio Maria Zanetti d. Ä. in Venedig und Pierre-Jean Mariette in Paris zeigten sich beispielsweise äußerst interessiert an den neusten Blättern aus der Tiepolo-Werkstatt: Auf einer Rechnung an Mariette vom 21. Juni 1758[147] sind einige Abzüge der von Giambattista Tiepolo entworfenen und von seinem Sohn Giandomenico radierten Kopfstudien aufgelistet und mit der Anmerkung versehen, dass die Serie vollendet etwa 40 Radierungen umfassen solle.[148] Der Sammler wartete somit nicht bis zum Abschluss der Arbeiten, sondern erwarb einzelne Drucke vorab. Und dies tat er möglichst frühzeitig, wie sich an einem Brief Zanettis an ihn ablesen lässt:

> "Dieci, o siine undeci, delle adiesso scritte teste non sono che uscite dall'acquaforte et non ancor vedute se non da Voi, da me, et dalla famiglia Tiepolo."[149]

Auf den 29. Dezember 1757 ist eine noch vor diesem Brief an Mariette gesandte Rechnung datiert, in der unter anderem 20 „Capricci" genannt werden. Diese 20 Radierungen sind mit großer Sicherheit keine zwei Exemplare der zehn Blätter umfassenden und bereits in den 40er Jahren vollendeten Serie der *Capricci*. Vielmehr handelt es sich um den Großteil der *Scherzi*, welche zu diesem Zeitpunkt ihren Namen noch nicht trugen und, wie sich aus einer Notiz Zanettis auf der Rückseite der Rechnung ergibt, noch nicht abgeschlossen waren. Zanetti schreibt dort von „drei oder vier" weiteren „Capricci" die Tiepolo noch

---

147 Vgl. Frerichs 1971b, S. 224–225.

148 Insgesamt wurden es schließlich 60 Studien, die unter dem Namen *Raccolta di Teste* zusammengefasst und mit in den Ausgaben des *Catalogo* Giandomenicos publiziert wurden.

149 Bettagno/Magrini 2002, S. 196–198, hier S. 196. Der Brief ist vermutlich nach dem 1. Januar 1758 entstanden, vgl. Frerichs 1971b, S. 224–225.

überarbeiten wolle.[150] Es wurden hier wiederum Einzelblätter vorab vertrieben und direkt nach ihrer Anfertigung vom Sammler erworben.[151]
Auch vor dem Hintergrund, dass zeitgenössische Graphik in Venedig im 18. Jahrhundert intensiv gehandelt wurde und zu den kostbarsten Drucken gehörte,[152] zeugen diese Beispiele von einer bemerkenswert hohen Wertschätzung der Radierungen Tiepolos. Die Preisgestaltung entspricht dieser Beobachtung. Zwanzig „Capricci", respektive Blätter der *Scherzi*, wurden für 44 Lire vertrieben und für das Einzelblatt der *Anbetung der Könige* zahlte Mariette sogar 11 Lire.[153] Zwischen Tiepolos Druckgraphiken und der durchschnittlichen Gebrauchsgraphik lag folglich eine enorme Preisspanne. Doch auffällig ist ebenso die Differenz zwischen der *Anbetung der Könige* und den *Scherzi*, wenn man deren

---

150 Vgl. Frerichs 1971a, S. 239. In der vorher erwähnten Rechnung vom 21. Juni 1758, publiziert bei Frerichs 1971b, S. 224-225, bestätigt Giandomenico Tiepolo von Zanetti 73 Lire 10 Soldi für Drucke erhalten zu haben, die dieser im Auftrag von Mariette kaufte. Dort ist zudem die Rede von vier „stampe de' *Capricii* del signor padre, avertendo che sono stampate dopo d'avergli datti la vernice per ritocarla, onde, non avendo avuto tempo di farlo, gl'ho levata la vernice, per servirlo, che perciò dove saranno mancante monsieur Mariette averà la bontà di tocarle a penna." Auch bei den hier angesprochenen „Capricii" werden Blätter der später *Scherzi* genannten Serie gemeint sein.

151 Alpers und Baxandall begründen die fehlende systematische Publizierung der Radierungen mit mangelndem Interesse Tiepolos an diesen: „Tiepolo nahm sich nicht einmal die Zeit, auch nur eine Edition seiner Radierungen zur Veröffentlichung fertigzustellen." Alpers/Baxandall 1996, S. 7. Der Umfang der Serien und die hohe Qualität der Blätter – besonders die der großformatigen und sorgfältig komponierten *Anbetung der Könige* – widersprechen dieser Annahme jedoch ebenso wie der Umstand, dass einige Platten überarbeitet wurden. Wesentlich wahrscheinlicher als die Annahme, Tiepolo habe sich schlichtweg keine Zeit genommen, ist die, dass er die Radierungen nicht als Edition geplant hatte. Hochpreisig und in kleiner Auflage wurden die Blätter einzeln an die Sammler vertrieben, wie aus dem Schriftverkehr mit Mariette hervorgeht.

152 Vgl. Buberl 1993, S. 417.

153 Vgl Frerichs 1971a, S. 234. Zum Vergleich: Die ganze Serie der *Via Crucis* Giandomenicos kostete ebenfalls 11 Lire. Von Piazzettas ganzseitigen Illustrationen zur 1745er Ausgabe von Tassos *Gerusalemme Liberata* konnten 20 Stück à 30 Lire erworben werden. Vgl. Buberl 1993, S. 420. Büttners 1996a, S. 166, Annahme, Tiepolos Radierungen seien zu dessen Lebzeiten erfolglos gewesen, da ihr künstlerisches Prinzip eine Negation seiner Monumentalwerke sei und dieses nicht verstanden oder akzeptiert wurde, muss abgelehnt werden, wie sich sowohl aus dem Preis der Blätter wie auch aus der zeitgenössischen Würdigung ergibt.

Preis auf die einzelnen Blätter der Serie umrechnet.[154] Das ungewöhnlich große Format und vor allem die hervorragende Qualität der biblischen Historie werden in dem Zusammenhang sicherlich eine Rolle gespielt haben. Doch der bemerkenswert hohe Preis stützt zudem die im vorhergehenden ausführlich begründete These, die Radierung der *Anbetung der Könige* sei eine hochrangiges Sammlerblatt.

Hinzu kommt die Beobachtung, dass die Druckgraphik Tiepolos, auch wenn heute keine umfangreiche Verbreitung mehr nachweisbar ist, schon vor Erscheinen der ersten Ausgabe des *Catalogo* einen erstaunlich hohen Bekanntheitsgrad hatte. Sie erfuhr nicht nur in Gori Gandellinis *Notizie istoriche degl'intagliatori*, Siena 1771, eine Würdigung, sondern auch bereits in Basans 1767 in Paris erschienenem *Dictionnaire des graverus anciens e modernes*. Und in beiden Werken wurde die *Anbetung der Könige* als Tiepolos druckgraphisches Hauptwerk bezeichnet.[155]

Zanetti äußert sich in einem weiteren Brief an Mariette zum ästhetischen Wert von Tiepolos Radierungen:

> „Vi confesso il vero che, a moi certo intendere, ve ne sono alcune [stampe di Tiepolo] quali, se potesse uscire dal sepolcro il Rembrandt et Giovanni Benedetto Castiglione, baccierebbero chi li ha fatte."[156]

Als Vermittler der Radierungen Tiepolos rühmt Zanetti selbstverständlich die von ihm vertriebenen Blätter. Interessant ist aber dennoch die Art und Weise, wie er dies tut. Die Radierungen werden in eine Tradition gesetzt mit den hoch geschätzten, stark gesammelten Druckgraphiken Rembrandts und Castigliones, die zudem tatsächlich Inspirationsquelle des Künstlers waren. Das Zitat zeugt

---

154 Nach Buberl 1993, S. 417, wurden „Einzelblätter der bekannten Künstler mit bis zu 9 Lire gehandelt". Das Blatt der *Anbetung der Könige* fällt somit mit einem Preis von 11 Lire selbst aus dem Rahmen hochpreisiger Graphik.

155 Vgl. Gandellini 1771, Bd. III, S. 305 und Basan 1767, Bd. II, S. 505f.

156 Kowalczyk 2003, S. 64, datiert die Notiz auf den 29. Dezember 1757. Sie findet sich auch bei Bettagno/Magrini 2002, S. 196–198 publiziert und wird hier überzeugend erst auf nach dem 1. Januar 1758 datiert. Vom 29. Dezember 1757 stammt eine Rechnung von Giandomenico Tiepolo, Zanettis Brief muss nicht zwingend am selben Tag entstanden sein. Zu besagter Rechnung vgl. Frerichs 1971a, S. 233–345.

von der theoretischen Reflexion, mit der sich der Kenner und Sammler des 18. Jahrhunderts der Druckgraphik näherte.[157] Das Erkennen und Aufzeigen von Vorbildern, Traditionen und Anregungen schuf bei der Betrachtung eines Stiches besonderes Vergnügen.[158] Folglich wurde dem Bildgegenstand und seiner Darstellungsform ein verstärktes Interesse entgegengebracht, welches auch auf die Person des Künstlers selbst übergriff.[159]
Tiepolos Auseinandersetzung mit der Darstellungstradition und die damit verbundene stärkere Bemühung des Betrachters rekurrierte explizit auf diesen Kenner mit historisch-antiquarischem Interesse.[160] Er konnte davon ausgehen,

---

157 Im Gegensatz etwa zu panegyrischen Renaissance-Künstlerwürdigungen als „neuer Apelles" oder „neuer Plinius". Vgl. hierzu: Irle 1996, S. 123–135. Vasari hatte etwa im „Proemio" des dritten Teils seiner *Vite dei più celebri pittori* [...] Raffael den Paragone mit Apelles aufnehmen lassen. Vgl. Vasari 1550/1568, Bd. 4, S. 8f. Ähnliche Künstlervergleiche fanden auch nordalpin statt. Von Dürer wurde zeitgenössisch in einem Nachruf gesagt, er kombiniere als neuer Apelles die Qualitäten des Lysipp, Praxiteles und Apelles. Vgl. Buchanan 1982, S. 739f.

158 Vgl. Buberl 1993, S. 422. Algarotti erwarb 1760 vier Gemälde des Malers Mauro Tesi, genannt Maurino, in die Tiepolo Figuren, sogenannte *macchiette*, einfügen sollte. Algarotti beschrieb Tiepolo diese Gemälde in einem Brief und benannte dabei nicht nur den Bildgegenstand, sondern war bemüht – im Sinne des gelehrten „Spiels" vom Wiedererkennen – Vorbilder zu finden. Von einem Marmorsarkophag auf einem der Bilder schreibt er, dass dieser dem der Metella gleiche und erwähnt Piranesis *Antichità romane* als Quelle. Für das zweite Gemälde findet er in noch stärkerem Maße konkrete Vorbilder: „L'ordine corintio è quale lo dà il Palladio, gli ornamenti della volta son copiati dalle rovine di Palmira, e i grotteschi del columbario dagl'intagli di Santi Bartoli, ch'egli ricavò da' disegni di Piero Ligorio che si conservano nella Vaticana. Un sarcofago di porfido, che è dall'un dei lati, è il famoso di Agrippa che vedeasi altre volte sotto il portico del Pantheon, e una bella ara di bronzo è tolta dalle *Antichità* del Montfaucon." Brief vom 4. März 1760, publiziert bei Bettagno/Magrini 2002, S. 232–236, hier S. 235. Der Brief ist nicht nur aufschlussreich, was das Verhalten des Kenners und Sammlers dem Objekt gegenüber betrifft, sondern auch als Hinweis auf Tiepolos Bildung nützlich. Wenn Algarotti all diese Dinge aufzählte, ging er davon aus, dass sie Tiepolo (zumindest zum Teil) bekannt waren.

159 Vgl. Kapitel II. 3. 1.

160 Wie Mariuz schreibt, konnte „qualsiasi conoscitore e amateur dell'epoca", wenn er beispielsweise Sebastiano Riccis für Lord Burlington gemaltes *Treffen zwischen Bacchus und Ariadne* betrachtete, die berühmten Inspriationsquellen identifizieren: „l'affresco di Annibale Carraci sulla volta della Galleria Farnese, il dipinto di Tiziano dello stesso

dass die capricciohaften Modifikationen, die er bei der Druckgraphik der *Anbetung der Könige* in der Darstellung vornahm, als solche erkannt und verstanden werden würden und ihre Entschlüsselung dem Betrachtenden Vergnügen bereitete. Zugleich befriedigte Tiepolo über die hohe Qualität des Blattes auch dessen ästhetischen Anspruch.[161]

Die großformatige Radierung der *Anbetung der Könige* ist folglich auf einen ausgesprochen anspruchsvollen Sammler ausgerichtet, der sich die Zeit nimmt, das Blatt intensiv zu betrachten, um die Spielereien und Bildzitate zu entdecken und der zugleich auch über die notwendige *erudizione* verfügt, dies zu tun.

III. 1. 1 *erudizione*

Der Begriff *erudizione* bezeichnete bereits im 18. Jahrhundert eine Form der Kennerschaft von Mythologie und antiker wie biblischer Historie, antiken Gebräuchen und erhaltenen Kunstwerken wie auch Alltagsgegenständen, die von reiner Gelehrsamkeit, einem rein antiquarischen Interesse, zu unterscheiden war.[162]

Für den Grafen Francesco Algarotti[163] war *erudizione* etwas ursprünglich Römisches, wie aus einem Brief an Mariette hervorgeht, in dem er ein Gemälde Tiepolos mit dem *Treffen zwischen Antonius und Kleopatra* beschreibt:

> „Un bel campo di architettura, l'arioso del sito, la bizzarria ne' vestiti, i bei contrasti nella collocazione dei colori locali, una franchezza e leggiadria indicibile di pennello lo rendono cosa veramente paolesca. Nelle immagini d'Iside e di Serapide e nella

---

soggetto, conosciuto con ogni probabilità attraverso un'incisione, e magari, nel biondo fulgore di Bacco e nel disteso orizzonte marino, anche una reminiscenza dell' *Aurora* di Guido Reni." Mariuz 1998, S. 33.

161 Tiepolo spielt „gerade in seinen Zeichnungen und Radierungen mit ungewöhnlichen Seherfahrungen und mit modern anmutenden Elementen, etwa der graphischen Reduktion, seriellen Verfahren und der Bildironie." Schulze Altcappenberg 1996, S. 7.

162 Die folgenden Ausführungen zur Begrifflichkeit stützen sich besonders auf Gottdang 1999b, S. 110–117 und S. 140f.

163 Zu Francesco Algarotti siehe ebd., S. 137–146.

> sfinge introdotte negli ornamenti e nelle fabbriche mostra la erudizione di Raffaelo o del Pussino."[164]

Angesichts der unterschiedlichen Form der Antikenrezeption in Rom und in Venedig ist Algarottis Implikation insofern auch im hier behandelten Kontext zutreffend, als die Verwendung antiker Motive und Antikenzitate in der venezianischen Kunst eine andere Ausprägung fand als in der römischen.[165] Es ging weniger um die gewissenhafte, korrekte Wiedergabe von Details, sondern vielmehr um die gelehrte Anspielung. *Erudizione* bestand „nicht im Aufsagen auswendig gelernter Formeln, sondern gewissermaßen in der Anwendung des Gelernten"[166] und war als solche das künstlerische Mittel zur Verortung einer dargestellten Szene in Zeit und Raum. Zudem diente sie der „verità, venustà e grazia", wie Algarotti in einer Schrift über seine Erwerbungen von Gemälden im Auftrag Augusts III., Kurfürst von Sachsen und König von Polen noch hinzufügte. *Erudizione* unterscheidet er ausdrücklich von einer „sofisticheria de' dotti".[167]

---

164 Brief von Francesco Algarotti an Pierre-Jean Mariette, Potsdam 13. Februar 1751, publiziert bei Bettagno/Magrini 2002, S. 156–167, hier S. 164.

165 In Rom wurden intensiver und akribischer zeichnerische Antikenstudien betrieben, „ein Verfahren, das den Venezianern fremd bleiben sollte." Gottdang 1999b, S. 110. Venedig war zwar ein zentraler Umschlagplatz im Handeln mit Antiken, es gab dort jedoch nicht die Omnipräsenz antiker Architektur und Skulptur im öffentlichen Raum, wie sie heute noch das Stadtbild Roms prägt und die eventuell mit ausschlaggebend war für die verschiedenartige künstlerische Entwicklung.

166 Gottdang 1999b, S. 112. Damit entsprach die venezianische Praxis nicht Algarottis Ideal. Dieser forderte eine „historische" Korrektheit sogar bei der Darstellung mythologischer Themen, etwa durch eine unterschiedliche Ziselierung der Waffen für Achill und der laut antiker Mythologie wesentlich späteren für Aeneas. Vgl. ebd. S. 141.

167 Algarotti, in seiner *Relazione storica de Quadri acquistati dal Conte Francesco Algarotti per la maestà del Re di Polonio Elettor di Sassonia eccetera eccetera eccetera.* Das Zitat bezieht sich auf Giambattista Tiepolos Bankett der Kleopatra (1743–44, 249 x 349 cm, Öl/Lw., National Gallery of Victoria, Melbourne) und ist in Bezug auf das Verständnis von *erudizione* von hohem Interesse: „Le fabbriche sono di greca architettura, essendosi nell'Egitto al tempo d'Alessandro [...]. Veggonsi in due nicchie da una parte Iside e dall'altra Se rapide, tratti esattamente dagli antichi monumenti di quel paese, e fra gli ornati e ricchi utensili del convito vedesi la Sfinge, affine di determinare il sito e di fissar la scena del quadro in Egitto e non altrove. Questa pittoresca erudizione, per cui cotanto si è distinta la scuola romana e che dà tanto pregio a' quadri del Poussino, era ignota può dirsi alla scuola

Eine vergleichbare Unterteilung von „Wissen“ und „Kennerschaft“ nahm auch Karl Heinrich von Heinecken vor, der beim Verfassen seiner kunsthistorischen Schriften unter anderem von Mariette, mit dem er befreundet war, unterstützt wurde.[168]

> „Da die Gelehrsamkeit und die Kenntniß der Kunst keine nothwendige Verbindung haben: so ist es möglich, daß auch der größte Ignorant in der Zeichenkunst, und in den davon abhangenden Künsten, geschickt von der Erfindung und von den Fehlern der alten und neuern Künstler in der Erfindung reden und schreiben kann. Ein Urtheil also, welches bloß ein Gelehrter in Kunstsachen fället, ist nicht eher anzunehmen, als bis man überzeugt worden, daß er auch ein Kenner ist.“[169]

Kennerschaft war somit auf beiden Seiten, der des Sammlers gleichwie der des Künstlers, ein zentraler Begriff der Kunstbetrachtung des 18. Jahrhunderts. Während jenen die Aufgabe des Erkennens von Antikenzitaten und Anspielungen oblag, galt es als Qualitätsmerkmal dieser, wenn sie ihre Kompositionen durch eine *erudizione pittoresca* bereicherten.

III. 1. 2 Tiepolos *erudizione pittoresca*

Tiepolos Malerei wird, bedingt durch die vordergründig rein malerisch wirkende Auseinandersetzung mit seinen Inspirationsquellen und seine bemerkenswert hohe Produktivität, gerade in der älteren Kunstgeschichtsliteratur als „ungelernt“

---

veneziana, la quale ha potuto vedere da questo esempio che la erudizione e il costume che se le desiderano non sono altrimenti una sofisticheria de' dotti, ma che aggiungono, oltre il dar verità, venustà e grazia, e che possono dar luogo ad aggradevoli contrasti nella pittura." Publiziert bei Bettagno/Magrini 2002, S. 121–137. Algarottis kunsttheoretische Texte sind bekanntermaßen nicht ganz unproblematisch und teilweise widersprüchlich, in Bezug auf den Begriff der *erudizione* und dessen zeitgenössisches Verständnis jedoch sehr aussagekräftig.

168 Von Heinecken erhielt beim Verfassen seiner Schriften unter anderem von Mariette (Paris), Yver (Paris), Joly (Paris), Brandes (Hannover) und Zanetti (Venedig) Unterstützung. Vgl. Brakensieg 2003, S. 351.

169 Heinecken 1786, S. 88.

oder „unintellektuell“ bezeichnet.[170] Die jüngere Forschung ist bemüht, dieses Bild zu revidieren, doch selbst Alpers und Baxandall schreiben noch 1996: „Er ist ein Beispiel für malerische Kreativität, die von nicht-literarischen Prämissen ausgeht“.[171]

Dies ist nur zum Teil richtig. Zwar sind viele ungewöhnliche, capricciohafte Momente in Tiepolos Bildfindungen nicht mit schriftlichen Vorlagen in Verbindung zu bringen und als Produkte seiner überbordenden Fantasie und Schöpfungskraft vor allem von ästhetischem Wert. Doch ebenso zieht er literarische und kunsttheoretische Texte für seine Darstellungen heran, wie anhand seiner Auseinandersetzung mit der *Descrizione*[172] beobachtet werden konnte. Seine Beschäftigung mit den der jeweiligen Szene zugrunde liegenden Quellen lässt sich auch bei verschiedenen anderen Werken feststellen.[173] Tiepolo reflektiert die Darstellungstradition gleichermaßen mit künstlerischen wie rhetorischen Mitteln. Er ist kein lediglich die ikonographischen Vorgaben der Auftraggeber ausschmückender, unbelesener Künstler. Hierfür spricht auch das intellektuelle Umfeld um Zanetti d. Ä., Graf Algarotti, Konsul Smith und andere, in dem er sich bewegte. Zumindest für die Beziehung zu Algarotti ist belegt, dass

---

170 Schon Molmenti 1911, S. 243, wendet sich gegen die „erudition historique et mythologique que certains critiques veulent découvrir dans les œuvres de Tiepolo.” Auch Levey spricht zwar von seinem „unlearned and imaginative genius“. Vgl. Levey 1960, S. 254. Dabei schrieb er 1757 noch: „Tiepolo was a history painter; it followed that he was learned learned, and more than one antiquarian-minded person praised this quality in him.” Vgl. Levey 1957, S. 299.

171 Alpers/Baxandall 1996, S. 3. Text der englischen Orignialausgabe von 1994: „He offers an example of pictorial creativity from premises that are not literary.” Diese Grundbehauptung Alpers und Baxandalls wurde auch bereits von Aurenhammer 1996, S. 110 und 112 als „anti-ikonographische Polemik“ kritisiert. Fehl 1992, S. 761–791, spricht hingegen von Tiepolos „wisdom of the painter's art“.

172 Über den Text der *Descrizione* erfolgte gleichzeitig auch eine Auseinandersetzung mit der biblischen Textpassage zur *Anbetung der Könige.*

173 Gottdang spricht von einer „Neigung [Tiepolos], in Szenen der antiken Geschichte nach Möglichkeit den Augenblick vor der Entscheidung, bevor die Spannung sich wieder entlädt, wiederzugeben.“ So bezieht sich etwa Tiepolos Fabius Maximus aus dem Dolfin-Zyklus mit großer Wahrscheinlichkeit genau auf Livius XXI, 18. Vgl. Gottdang 1999b, S. 127. Zu einem anderen Werk, Tiepolos Darstellung des *Raub der Europa*, vgl. Gottdang 1999a, S. 155.

er mit diesem theoretische Gespräche über Malerei führte.[174] Graf Algarotti bewundert in einer Beschreibung von Tiepolos *Gastmahl der Kleopatra*[175] die *bizzaria* des Künstlers ebenso wie dessen *pittoresca erudizione*.[176]
Bizzaria bezieht sich auf die gänzlich unantiken, dafür aber umso fantasievolleren Gewänder der Protagonisten. Als Ausdruck der Schöpfungskraft des Künstlers verstanden gesteht Algarotti ihnen ihre Berechtigung in der Darstellung der historischen Szene zu. *Pittoresca erudizione* auf der anderen Seite darf in diesem Zusammenhang nicht mit „malerischer Gelehrsamkeit" im Sinne einer rein künstlerischen Reflexion der Bildtradition übersetzt werden. Algarotti charakterisiert hiermit vielmehr die Fähigkeit des Künstlers, die dargestellte Szene an den „wahren" räumlichen und zeitlichen Kontext ihres Geschehens zu versetzen. Über landes- und epochenspezifische Architektur sowie historisch korrekte Details wird diese Allusion erzeugt. Der Zusatz „malerisch" ist keinesfalls als Rückschluss auf mangelnde Bildung zu verstehen.[177] Vielmehr geht es darum mit *bizzaria* und *pittoresca erudizione* ein gegenpoliges Begriffspaar zu schaffen, um sowohl Tiepolos bemerkenswerte Fantasie als auch seine Gelehrsamkeit gleichermaßen fassen zu können.
Tiepolo ist jedoch, wie Alpers und Baxandall richtig feststellen, nicht auf der Suche nach neuen Themen und „nicht an der innovativen *Erzählung* traditioneller Sujets interessiert."[178] Er hält sich gern an erprobte Szenarien und gängige Bildvorlagen, um diese abzuwandeln. Der Reiz besteht für ihn in der Variation, ohne das Dekorum zu verletzten.[179] Indem er etwas Altbekanntes in

---

174 Dies geht aus einem viel zitierten Brief Tiepolos vom 26. Oktober 1743 hervor: „Giuro che mi sarebe più caro star un giorno in compagnia Sua e parlare di pitura che tutti li devertimenti di questa villa, che mi creda non è pochi." Der Brief ist publiziert in Bettagno/ Magrini 2002, S. 118f.

175 Ebenso wie im bereits zitierten Brief Algarottis an Mariette von 1751 handelt es sich um die Version des *Gastmahls*, die sich heute in Melbourne befindet. Vgl. Fn. 167.

176 Algarotti in seiner *Relazione de Quadri acquistati* [...]. Vgl. Fn. 167 und Gottdang 1999b, S. 136f.

177 Tiepolo wurde zeitgenössisch (durch Maffei im Vorwort des Buches *Verona illustrata*) auch gelobt für seinen *gusto antico* bei seinen Zeichnungen nach Antiken. Vgl. Gottdang 1999b, S. 114. Was genau in diesem Zusammenhang unter „antikem Geschmack" zu verstehen ist, ist jedoch nicht klar.

178 Alpers/Baxandall 1996, S. 21.

179 Trotz zahlreicher extrem ironischer Motive, die den Rahmen dessen, was die künstlerische Freiheit erlaubt, komplett ausreizen (in der Würde des Bildgegenstandes be-

neuem Gewand präsentiert und mit den vorgegebenen Rahmenbedingungen spielt, gibt er gleichzeitig einen Beweis seiner Fantasie und seiner Gelehrtheit. Und ebendies tut er in starkem Maße bei seiner Radierung der *Anbetung der Könige*.

Tiepolos malerische Auseinandersetzung mit der Darstellungstradition unter Berücksichtigung der Quellen ist begründet in einem veränderten historischen Interesse und hängt eng mit dem venezianischen Geschichtsverständnis des 18. Jahrhunderts zusammen.

III. 2 Die Republik Venedig – *Unica discendente della Romana*

Bereits im späten 17. und verstärkt im 18. Jahrhundert wandelte sich die venezianische Geschichtsbetrachtung. Einhergehend mit der Aufklärung, die in Venedig einen etwas anderen Weg nahm als im übrigen Europa,[180] wurden Historisierungsprozesse angetrieben, die besonders die Rezeption von Kunst und Alltagsgegenständen betrafen. Im begrenzten Rahmen der Studie können

gründet bei mythologischen Themen stärker als bei biblischen), setzte Tiepolo sich nicht über das Dekorum hinweg. Gottdangs Aussage, „Es gehört zum unwiderstehlichen Reiz, der von Tiepolos Werken ausgeht, daß er sich Freiheiten nimmt, die sich nur wenige Künstler erlaubten, und daß er sich mit Vorliebe über die Gesetze des *decoro* hinwegsetzt." (Gottdang 1999a, S. 162), ist insofern nur bedingt zu folgen. Tiepolo nahm sich Freiheiten, die sich andere Künstler nicht erlaubten, die aber zeitgenössisch dennoch als angemessen empfunden wurden. Als Beispiel für Verletzungen des *decoro* zieht Gottdang Tiepolos einziges staatliches Auftragswerk für den Dogenpalast heran (*Neptun überreicht Venezia die Gaben des Meeres*, ca. 1756-58, 135 x 275 cm, Palazzo Ducale, Venedig, vgl. Ausst. Kat. Venedig 1996, S. 177-188.). Die Personifikation der Venezia lehnt auf einem wenig furchteinflößenden Löwen, der laut Gottdang, „diese Behandlung mit dem Fatalismus eines phlegmatischen Bernhardiners" erträgt (Gottdang 1999a, S. 164). Das Werk wurde jedoch akzeptiert, zeitgenössisch somit nicht als unangemessen empfunden, und befindet sich heute noch im Palazzo Ducale.

180 Anders als etwa in Frankreich waren die Werke der Aufklärer keiner breiten Bevölkerungsschicht zugänglich, da diese Schriften auf dem Index standen. In den höheren Kreisen, etwa um den Verleger Pasquali, dessen Verlagshaus vom englischen Handelsbankier und späteren Konsul Joseph Smith mitbegründet worden war und der dort die *Descrizione* herausgab, fand aufklärerisches Gedankengut dennoch Verbreitung. Vgl. Gottdang 1999b, S. 84 und S. 125 und Haskell 1996, S. 350.

diese Entwicklungen und die ihr zugrunde liegenden Prozesse nur stark vereinfacht behandelt werden. Dennoch soll auf einen Überblick nicht verzichtet werden, da er für das Verständnis von Tiepolos Umgang mit der Bildtradition und auch für die folgenden Ausführungen notwendig ist. Für eine ausführliche und differenzierte Darstellung sei auf Gabriele Bickendorfs „Die Historisierung der italienischen Kunstbetrachtung im 17. und 18. Jahrhundert" und auf Andrea Gottdangs „Venedigs antike Helden" verwiesen.[181]

Von dem letzten Drittel des 17. Jahrhunderts ausgehend – Venedig hatte am Ende einer langen Periode schwerer Krisen eine relative Stabilität wiedergefunden[182] – ist eine Rückbesinnung auf den Mythos und die Tradition der *Serrenissima Repubblica di San Marco* zu konstatieren. Aus politischer wie aus genealogischer Sicht verstand sich Venedig als einzig würdige Nachfolgerin der Römischen Republik.[183] Dies ist etwa zu belegen anhand von Scipione Maffeis Widmung des 1731 erschienenen Werkes *Verona Illustrata*, für das Giambattista Tiepolo Stichvorlagen nach Antiken angefertigt hatte. Die Widmung richtet sich „all'inclita Republica Veneta. Unica discendente della Romana".[184] Die Geschichte Roms wurde zugleich als die eigene betrachtet.

Einhergehend mit dem wiedererstarkenden Selbstverständnis Venedigs als Erbin der Römischen Republik kam es zu einer regelrechten „Omnipräsenz der antiken Geschichte."[185] Werke antiker Schriftsteller erschienen in zahllosen Neuauflagen und monumentale Ausstattungsprogramme mit Darstellungen antiker, speziell

---

181 Bickendorf 1998 und Gottdang 1999b.

182 Verschiedene kriegerische Handlungen trugen im 17. Jh. zur Schwächung der Republik bei. Neben dem Friauler Krieg mit Österreich gab es Auseinandersetzungen mit Spanien und Konflikte mit den Türken um Kreta, die 1669 in dem Verlust der Insel (von wenigen Stützpunkten abgesehen) mündeten. Die nach dieser Phase schwerer Niederlagen stattfindende Restabilisierung war jedoch nicht von langer Dauer und markiert lediglich eine Phase in der Geschichte des politischen Niedergangs der Republik bis zu deren Ende 1797. Das Ende des „Mythos der Stadt Venedig" in der zweiten Hälfte des 18. Jahrhunderts ist jedoch nicht monokausal über die militärischen Ereignisse zu erklären, sondern geht ebenso mit der veränderten Geschichtsbetrachtung einher. Vgl. Landwehr 2007, S. 490f.

183 Dieses Verständnis ist zum einen in der politischen Organisation als Republik zu begründen und zum anderen darin, dass die venezianische Oberschicht ihre Wurzeln auf römischstämmige Adelsfamilien zurückführte. Vgl. Gottdang 1999, S. 28.

184 Zitiert nach ebd.

185 Ebd., S. 29.

römischer Historie kamen zur Ausführung.[186] Um diese Szenen angemessen zeitlich und räumlich verorten und auch entschlüsseln zu können, war die *erudizione* des Auftraggebers, des Künstlers wie auch des Betrachters gefragt. Die venezianischen Künstler unternahmen allerdings kein exaktes Antikenstudium nach römischem Vorbild, sondern vermengten Antikenzitate und antikisierende Motive mit Elementen aus der venezianischen Malerei des 16. Jahrhunderts. Dieser Verweis auf die eigene Tradition und die eigene politische und künstlerische Bedeutung im Cinquecento intensivierte zusätzlich den Vorgang der Inanspruchnahme der römischen Geschichte.[187]

Zugleich entwickelte sich ab der zweiten Hälfte des 17. Jahrhunderts eine ausgeprägte Sammlertätigkeit, die speziell Gemmen, Münzen und Medaillen betraf und nicht mehr von einem ausschließlich antiquarischen Interesse geleitet wurde.[188] Die Objekte wurden als historische Zeitdokumente betrachtet und gewannen als nichtschriftliche Überlieferung neben den schriftlichen Quellen zusehends an Bedeutung.[189] Anhand ihrer Betrachtung wurden Entwicklungen

---

186 Der Exempelcharakter der antiken Historie war hierbei von zentraler Bedeutung, ebenso wie Aristoteles' Dictum, dass alles, was noch geschehen solle, dem, was sich bereits zugetragen habe, für gewöhnlich ähnlich sei (Aristoteles II, 20,2). Vgl. ebd., 33. Anfangs waren die Darstellungen der antiken Geschichte aus diesem Grunde nicht mit historiographischer, sondern mit rhetorisch-didaktischer Absicht verbunden. Erst ab den 1730er Jahren vollzog sich hier eine Veränderung. Vgl. ebd., S. 36.

187 Vgl. ebd., S. 147–151. Anfangs noch von einer größtmöglichen, den historischen Abstand markierenden Authentizität dominiert, gewann das Aufgreifen der spezifisch venezianischen Tradition zunehmend an Bedeutung. Wie Gottdang etwa zu Tiepolos Fresken in der Villa Cordellina schreibt: „Die Rückbesinnung auf die eigene, venezianische Tradition in der Prägung der festlichen Malerei Veroneses hatte über die römische Form durchgehender *erudizione* gesiegt." Ebd., S. 147.

188 Ebd., S. 108. Zu den Anfängen dieser Sammelleidenschaft siehe Favaretto/Bodon 1996, S. 209–218.

189 Dies galt nicht nur für die historisierende Betrachtung antiker Objekte sondern auch für die Rezeption des Mittelalters durch mittelalterliche Kunst und Alltagsgegenstände. Es erfolgte auf dieser Basis die von Gabriele Bickendorf ausführlich analysierte „Historisierung der Kunstbetrachtung", die „als Übernahme praktischer Muster aus der historischen Forschung beschrieben werden kann: als Adaption von „Forschungstechniken und Modellen der Materialsystematisierung und historiographischen Darstellung" (Bickendorf 1998, S. 31). Wichtige Impulse zu dieser veränderten Betrachtung kamen über die Forschungsreisen von Jean Mabillon und Bernard de Montfaucon aus

nachvollzogen und der zeitliche Abstand erfasst. Vor allem aber lag das Interesse darauf, Kontinuitäten und Verbindungen aufzuzeigen. Die Tendenz ging zu einem Verständnis der Geschichte als Einheit, im Sinne eines lückenlosen Anknüpfens der venezianischen Republik an die Römische. Daraus folgend wurde auch Kunstgeschichte nicht mehr zyklisch, sondern fließend begriffen.[190]
Scheinbare Anachronismen wie Zanettis bereits erwähnte *Raccolta*, in der Tiepolos *Capricci* gleichwertig neben Chiaroscuro-Holzschnitte nach Parmigianino (1503–1540) präsentiert werden, begründen sich in dieser veränderten Kunstbetrachtung.[191] Im Sinne des gewandelten Geschichtsverständnisses war das Nebenher von zeitgenössischer und älterer Kunst legitim. Dies erklärt auch, weshalb Francesco Algarotti anhand ein und desselben Gemäldes Tiepolos typisch venezianische *bizzaria* ebenso schätzen konnte wie die *pittoresca erudizione*.[192]

III. 2. 1 Antikenrezeption – Galerie- und Stichwerke

Neben der Kenntnis antiker Schriften waren Galerie- und Stichwerke das Medium, über welches Kunstfreunde primär ihre *erudizione* bildeten. Die dort reproduzierten antiken Objekte boten eine Möglichkeit, Auskunft zu Alltagsleben, Riten, Bräuchen, Kleidung und Gebrauchsgegenständen in der

---

Frankreich. Kunstgegenstände sind in der 1681 von Jean Mabillon geschrieben *De re diplomatica* zwar nur mit wenigen Beispielen vertreten, trotzdem ist diese methodengeschichtlich von großer Bedeutung. Zwar kann in der Zeit zwischen 1600 und 1800 nicht immer klar zwischen Kunsthistorik und Historik unterschieden werden (vgl. ebd., S. 31), doch die historisierende Interpretation der Objekte erfolgte zumeist mit der Betonung von Kontinuität und Stringenz. Damit einhergehend erfuhr auch die Kunstgeschichte als Künstlergeschichte einen Wandel. „Dem genealogischen Schema wurde die Funktion des historiographischen Nexus zugewiesen, die bei Vasari der ästhetisch begründeten Zyklik zukam." Ebd., S. 110. Diese Entwicklung fand jedoch vorrangig in den Bereichen statt, die Vasari vernachlässigt hatte, wie beispielsweise die frühchristliche Kunst. Vgl. ebd., S. 10.

190 Die Betrachtung von christlicher und antiker Geschichte als Einheit und nicht als zwei voneinander isolierte Welten kam gegen Ende des 17. Jahrhunderts auf. Vgl. ebd., S. 94.

191 Buberl 1993, S. 418.

192 Vgl. Algarottis bereits zitierten Kommentar zum Gastmahl der Kleopatra, Fn. 167.

Antike zu erhalten.[193] Folglich dienten die Stichwerke einerseits der Unterweisung und Unterrichtung des Betrachters. Zugleich konnten die Sammler jedoch als Auftraggeber dieser Publikationen auch einen Beweis ihrer eigenen, bereits bestehenden Gelehrsamkeit und ihres Geschmacks liefern.[194]
Aufwendig illustrierte Überblicke über Sammlungen und Galerien, in denen neben Antiken oder älterer Kunst gleichwertig oft auch zeitgenössische Werke nachgestochen wurden, erfreuten sich im 18. Jahrhundert einer bemerkenswert hohen Beliebtheit.[195] Die Bücher bildeten eine Art „museo cartaceo"[196] und fungierten als Kunstführer durch die venezianischen Sammlungen.[197] Einhergehend mit den umfangreichen Gemmen-, Münz- und Statuensammlungen und mit dem aufkeimenden wissenschaftlichen Interesse an den antiken Gegenständen kam es zu einer wahren Flut an nun publiziertem, neuen Material. Mit nahezu 1400 Kupfertafeln ist das bei weitem umfangreichste Werk dieser Art Bernard de Montfaucons *L'Antiquité Expliquée et Représentée en figures,* das 1719–24 in zehn Bänden und fünf Supplementbänden erschien.
Für Künstler war Reproduktionsgraphik nach Gemälden oder Zeichnungen als Vorlage und Inspirationsquelle stets von großer Bedeutung. Eben dies gilt auch für die Stiche nach antiken Objekten in den Sammelwerken. Zu bemerken ist hier jedoch, dass der Umgang mit der von Stichvorlage meist in Form von

193 Die Veröffentlichung von Antiken in Werken wie etwa Antonio Maria Zanettis *Delle Antiche Statue greche e romane, che nell'Antisala della Libreria di San Marco, e in altri luoghi publici di Venezia si trovano, Venezia 1740* in zwei Bänden mit 100 Tafeln trug zu einer „Revolution" des Geschmacks bei. Dieser orientierte sich nun wieder stärker an vergangenen Kulturepochen. Vgl. Buberl 1993, S. 419f.

194 Vgl. ebd., S. 418.

195 Die Beliebtheit beschränkte sich aufgrund der hohen Preiskategorie, in der diese Editionen lagen, nur auf den wohlhabenden Teil der Bevölkerung. Vgl. ebd., S. 418. Selbstverständlich sind nicht alle Werke durch ein Nebeneinander von alter und neuer Kunst charakterisiert, sondern gleichfalls erschienen auch Stichwerke zu bestimmten Themenkreisen, wie etwa nur zu antiken Münzen.

196 Wie etwa die von Teodoro Viero publizierte *Raccolta di opere scelte, dipinte dai più celebri maestri Italiani, Fiamminghi e Francesi, in numero 112 stampe, tratte da quadri esistenti in Venezia, incise da Pietro Monaco in 1740, ora pubblicato da Teodoro Viero.* Das Werk erschien als zweiter Teil einer älteren Serie mit Stichen nach venezianischen Malern des 16. Jahrhunderts.

197 Daneben gab es jedoch auch „richtige" Kunstführer, wie das von Zanetti überarbeitete Werk Marco Boschinis *Le Ricche Minere della Pittura Veneziana,* das unter dem neuen Titel *Descrizione delle pubbliche pitture della città di Venezia* erschien.

Adaption und Variation erfolgte.[198] Es ging nicht um getreue Wiedergabe, sondern um Antikenallusion, ganz im Sinne des venezianischen Verständnisses von *erudizione.* Auf Grundlage des Antikenstudiums erfolgt die gelehrte Anspielung und Ausschmückung.[199] In diesen Zusammenhang gehören auch die Studien zu Trophäen und antiken Rüstungen, wie sie auf zwei in der *Raccolta* veröffentlichten Radierungen Giandomenico Tiepolos zu sehen sind.

Es ist belegt, dass Tiepolo bereits in den 20er Jahren Zeichnungen nach Antiken für Maffeis 1731 erschienenes *Verona Illustrata* lieferte und fast 30 Jahre später Kopien nach Piranesis *Le Antichità Romane* von 1756 anfertigte.[200] Ebenso ist bekannt, dass er die Supplementbände von Montfaucons *L'Antiquité Expliquée* als Vorlage nutzte.[201] Für das auf der Radierung der *Anbetung der Könige* dargestellte,

198 Vgl. Gottdang 1999b, S. 110.

199 Ein Beispiel für eine rhetorische Ausschmückung findet sich, laut Gottdang, etwa auf Riccis *Diogenes mit der Laterne.* Ricci hat einen riesigen Hund in die Bildkomposition eingeführt, was als Anspielung darauf zu verstehen ist, dass die Korinther Diogenes mit einem Grabmal in Gestalt eines Hundes ehrten. Vgl. ebd., S. 117.

200 Zu den Zeichnungen nach Antiken für Maffei vgl. Fn. 3. Von den Kopien nach Piranesis Antikenstudien berichtete Algarotti Prospero Pesci am 12. Februar 1760 und rühmte sich zugleich, Tiepolo zu diesen Büchern geführt zu haben. „E con qual adore non l'ho io veduto copiare alcuni pezzi delle *Antichità romane*, che io già lo condussi a vedere alla biblioteca dell'instituto ne'libri del Piranesi." Der Brief ist publiziert bei Bettagno/ Magrini 2002, S. 228-232, hier S. 230.

201 Bei Tiepolos Gemälden *Königreich der Flora* (The Fine Arts Museum of San Francisco) und *Maecenas präsentiert Kaiser Augustus die freien Künste* (Eremitage, St. Petersburg) sind die dort dargestellten Skulpturen ganz sicher einer Sammlung von Nachstichen nach Antiken entnommen. Antiken aus der Odescalchi-, Farnese- und Giustiniani-Sammlung boten Prototypen für Faun, Flora und Egeria bei Tiepolos *Königreich der Flora.* Die berühmte Minverva Giustiniani war Vorbild für die Minverva bei der Szene aus der Historie des Maecenas. Sogar die Rüstung des Augustus basiert auf Statuen von Caracalla und Caesar, die Tiepolo zunächst in Zeichnungen aus Montfaucons Corpus übernahm (nach Montfaucon 1724, IV, Pl. 5). Die Zeichnungen befinden sich heute im Victoria and Albert Museum, London (Inv. Nr. D. 1825.133-1885 und D. 1825.134-1885). Alle Statuen sind als Reproduktionsstiche im Supplementband von 1724 zu Montfaucons *L'Antiquité expliquée.* Es ist zwar möglich, dass Tiepolo nicht nur auf Montfaucon, sondern auch schon auf ältere Stichwerke zurückgriff, etwa Paolo Alessandro Maffeis *Raccolta di statue antiche e moderne* [...], doch die von Tiepolo kopierte Minerva Giustiniani ist erst bei Montfaucon 1724 publiziert. In diesem Fall ist die *L'Antiquité expliquée* ganz

antikisierende Relief zu Füßen Marias ist dort jedoch kein konkretes Vorbild zu finden. Antikisierende Elemente funktionieren bei Tiepolo in der Regel nicht als Zitate, sondern sind – so auch auf der Radierung – als Variationen Ausdruck seiner zum Teil über Stichwerke angeeigneten *erudizione*.[202]

III. 2. 2 Veronese-Rezeption – Das Kostüm bei Tiepolo

Über sein Antikenstudium und Stichwerke nach Antikensammlungen hatte Giambattista Tiepolo die Möglichkeit, Besonderheiten historischer Kleidung nachzuvollziehen. Auch zeugt Cesare Vecellios 1590 erschienenes *Degli abiti antichi et moderni*, das sich im Nachlass Giandomenicos befand und wohl noch aus dem Besitz Giambattistas stammte, von einem Interesse an Kostümgeschichte.[203] Dennoch nahm Tiepolo nur selten die Gelegenheit wahr, sich dieser historischen Vorlagen zu bedienen.[204] Anstelle eines Versuches, antike Mode zu imitieren und hierdurch einen Beweis seiner *erudizione* zu liefern, kleidete er die Protagonisten seiner Werke in prunkvolle und einfallsreiche Fantasiekostüme in der Tradition Veroneses.[205]

---

sicher die Quelle für Tiepolo. Siehe Ausst. Kat. Fort Worth 1993, S. 196–202 und Brown 1998, S. 27.

202 Als Beispiel für Antikenallusion ohne konkretes Vorbild lässt sich beispielsweise Tiepolos *Triumph des Curius* (Eremitage, St. Petersburg) heranziehen, auf dem eine Vielzahl an antikischen Kandelabern, Signalhörnern, Gefäßen, Fackeln und Statuetten zu sehen sind, die kein konkretes Vorbild haben. Vgl. Gottdang 1999b, S. 110.

203 Vgl. Christiansen 1996, S. 279.

204 Besonders in den frühen Werken, wie *Odysseus entdeckt Achill unter den Töchtern des Lykomedes,* um 1725, unternimmt Tiepolo keinen Versuch, historische Kostümierungen darzustellen. Selbiges gilt auch für die Fresken im erzbischöflichen Palast in Udine, dessen Galerie er 1726 im Auftrag des Patriarchen von Aquileia, Dionisio Dolfin, mit Szenen aus dem Alten Testament freskierte: „Die Darstellungen haben mit Gelehrsamkeit im römischen Sinn wenig zu tun." Vgl. Gottdang 1999b, S. 115.

205 Wie Gottdang schreibt, ist Veronese nicht zufällig gerade was die Behandlung des Kostüms betrifft Vorbild für Tiepolo. Der Einstieg in ein Gemälde wird dem Betrachter erleichtert, wenn ihm die Kleidung und die Gesichtszüge der dargestellten Personen vertraut sind. Einerseits signalisiert die Mode in der Tradition Veroneses den zeitlichen Abstand, andererseits ist sie den Zeitgenossen vertraut genug, um eine Identifikation zu

Veronese war für Tiepolo in der Behandlung des Kolorites,[206] für Architekturkulissen und zum Teil auch den kompositorischen Grundaufbau von Bildfindungen betreffend vorbildhaft. Ebenso finden sich bei ihm bereits Ambivalenzen in der Darstellung einzelner Momente, die sich dem Betrachter erst auf den zweiten Blick in ihrer Doppeldeutigkeit entschlüsseln und welche ähnlich auch für Tiepolos Werk charakteristisch sind.[207] Am deutlichsten manifestiert sich der Einfluss seiner Malerei jedoch in den außerordentlich häufig auftretenden, prächtig kostümierten Figurentypen von Herrschern oder Pagen. Auch die Könige der Radierung der *Anbetung der Könige* und das sie begleitende Gefolge sind stark dem Bildpersonal Veroneses verhaftet.[208] Schon Tiepolos Zeitgenossen würdigten diese deutliche Anleihen, wie etwa aus der bereits zitierten Beschreibung des *Gastmahls von Antonius und Kleopatra*[209] durch Graf Algarotti hervorgeht. Algarotti spricht dort von der „bizzaria del vestir le figure deesi principalmente a Paolo Veronese, vero pittor de' principi per la nobiltà e magnificenza sua, di cui il signor Giovan Battista Tiepolo è così felice e giudizioso imitatore" und der "magnificenza degli abiti e del convito", die für eine Darstellung von Antonius und Kleopatra angemessen und notwendig sei.[210]

Während Antikenreferenzen dazu dienten, die Szene räumlich und zeitlich zu verorten und die Würde des dargestellten Gegenstandes zu unterstreichen, hoben die prächtigen Gewandungen à la Veronese die „nobilità" und „magnificenza" des Ereignisses hervor. Veroneses opulente Gastmahlszenen und die kostbaren Kostüme der von ihm gemalten Personen waren für Tiepolo vorbild-

erlauben. Der Betrachter sollte den Eindruck haben, er wohne dem Geschehen bei. Vgl. ebd., S. 142. Dieser Aspekt mag durchaus eine Rolle gespielt haben. Weit ausschlaggebender wird jedoch der Umstand gewesen sein, dass durch einen Rückgriff auf Veronese eine Anspielung auf die Glanzzeit der venezianischen Malerei erfolgte, im Sinne eines direkten Anknüpfens des 18. Jahrhunderts an das 16. Jh.

206 Vgl. hierzu besonders Gemin/Pedrocco 1995, S. 59–63.

207 Diese doppeldeutigen Momente stehen bei Veronese aber vermutlich, anders als später bei Tiepolo, noch vorrangig im Dienst der dargestellten Erzählung. Nähere Untersuchungen hierzu stehen noch aus. Vgl. Aurenhammer 1996, S. 109.

208 Ebenso gilt dies, wenn auch eventuell nur indirekt über Sebastiano Riccis Gemälde, für das Architekturcapriccio und die Komposition der Radierung. Vgl. Kapitel II.5.

209 Vgl. Fn. 167.

210 Zitiert nach Bettagno/Magrini 2002, S. 128.

haft in der Verbildlichung von Pracht und Fülle. Er kopierte Veronese jedoch nicht, sondern sein Umgang mit dessen Malerei erfolgte genau wie seine Antikenrezeption in Form von Variation und Adaption.[211] Wie Alpers und Baxandall schreiben, war „Tiepolos Verhältnis zu Veronese [...] weniger das eines Historikers oder Kritikers, als vielmehr das eines ausführenden Künstlers. Ihm ging es nicht um eine historische Wiederbelebung. Ihm ging es eher um ein Repertoire. [...] Wir können uns Tiepolo als Interpreten vorstellen, der etwas brauchte, das er aufführen konnte, und Veronese aufgriff."[212] Doch mit der deutlichen Anlehnung an Veronese folgte Tiepolo nicht nur einer bereits bewährten Bildformel zur Veranschaulichung von Prunk und Reichtum,[213] sondern er erwies zugleich dem venezianischen Cinquecento seine Referenz.

---

[211] Soweit man weiß, ist der *Raub der Europa* (Sammlung Runciman, London) das einzige Gemälde, das Tiepolo nach Veronese kopierte. Vgl. Brown 1998, Fn. 6. Eine direkte Kopie nach einer *Auffindung des Moses* aus der Werkstatt Veroneses (die Kopie befindet sich in der National Gallery of Victoria, Melbourne, das Gemälde aus der Veronese-Werkstatt in Liverpool, Walker Art Gallery) wird wechselweise Tiepolo oder Ricci zugeschrieben. Die Urheberschaft ist nicht geklärt, vieles spricht aber für Ricci. Vgl. Bettermann 2004, S. 183. Aus einem Brief Algarottis vom 17. Juni 1743 geht hervor, dass er Tiepolo bat, eine Kopie nach Veroneses *Die Familie des Darius vor Alexander* anzufertigen. Diese wurde aber wahrscheinlich nie ausgeführt. Vgl. Levey 1960, S. 254. Algarotti beauftragte Tiepolo zudem, ein kleines Gemälde mit dem Motiv des *Gastmahl im Haus des Simeon* so zu überarbeiten, dass es wie eine Ölskizze von Veronese wirkte. Ein Gemälde des selben Themas (National Gallery of Ireland, Dublin) nach Veronese (Galleria Sabauda, Turin) wird teilweise Giandomenico und teilweise Giambattista Tiepolo zugeschrieben. Vgl. Brown, 1998, S. 27 und Fn 6. Es weist aber ebenso Charakteristika Riccis auf. Vgl. Bettermann 2004, Fn. 1036.

[212] Alpers/Baxandall 1996, S. 23. Ähnlich charakterisiert auch Lenz 1996, S.66f. Tiepolos Umgang mit der Kunst Veroneses: „Giambattista Tiepolo hat sich innerhalb einer breiten Strömung des 18. Jahrhunderts ausdrücklich an Werken Paolo Veroneses orientiert, weil das Äußerliche [...], das Un-Problematische dieser Kunst [....] und dessen überwiegend festlicher Charakter seinem Naturell entgegenkamen." Aikema, in: Ausst. Kat. Cambridge 1996, S. 17–22, speziell S. 22, widerspricht. Er geht davon aus, dass Tiepolo ganz bewusst auf Veronese zurückgriff, um, ähnlich den Carraci in Bologna, eine Erneuerung der religiösen Kunst einzuleiten. Es existiert jedoch kein theoretisches Grundgerüst auf das sich dieser Deutungsansatz stützen könnte.

[213] Oft werden die von Tiepolo dargestellten, fantasievollen Gewänder mit dem Theater in Verbindung gebracht oder mit dem Begriff theatralisch bezeichnet. Die Theaterkostüme des 18. Jahrhunderts haben allerdings nichts mit dieser Kleidung gemein. Nackte Beine

Das 16. Jahrhundert wurde von Tiepolo und seinen Zeitgenossen nicht bloß politisch sondern auch künstlerisch als die Glanzzeit Venedigs verstanden, als das „Goldene Zeitalter“ der venezianischen Malerei.[214] Tiepolos Rückgriff auf Veronese ist aus diesem Grund kein Einzelfall, sondern er entspringt der in Venedig weit verbreiteten Absicht, sich explizit in die Tradition des Cinquecento zu setzen und hierdurch an dieses anzuknüpfen.[215] Als „neuer Veronese“ bezeichnet zu werden, galt als größtmögliches Lob, das einem Künstler zuteil werden konnte. Giambattista Tiepolo wird bereits 1736 die Bezeichnung „sectataire de Paul Veronese“ zuteil,[216] ein anlässlich seiner Ausmalung der Galerie im

und Arme etwa waren auf der Bühne nicht denkbar. Vgl. Gottdang 1999b, S. 156–178. Siehe auch Barcham 1984, S. 149–178.

214 Im Gegensatz zum vorhergehenden Jahrhundert bildete sich im 17. Jh. keine „venezianische Schule“ heraus. Gottdang bezeichnet das Venedig dieser Zeit als eine „Sammelstelle von Sonderlingen, [...] die zu eigenwillig waren, um vom Nachwuchs als Vorbild angenommen zu werden.“ Es handelt sich um Künstler wie Sebastiano Mazzoni (1611–1678) und Pietro della Vecchia (1603–1678). Bedeutendere Künstler wie Rubens, van Dyck, Poussin oder Velázquez kamen nur für kürzere Zeitspannen nach Venedig, um die Werke der venezianischen Künstler des 16. Jh. zu studieren. Vgl. Gottdang 1999b, S. 25f.

215 Vgl. etwa Bettermann 2004, Kap. III. 3. 1 „Die venezianische Veronese-Rezeption in den Jahren um 1700“, Barcham 1989, S. 74f und Sohm 1990. Besonders stark ist der Einfluss Veroneses vor Tiepolo bei Sebastiano Ricci zu beobachten. Dessen um 1702/3 entstandener *Raub der Sabinerinnen* lässt eine deutliche Aufhellung der Palette wie bei Veronese beobachten. Vgl. Gottdang 1999b, S. 115. Erst nach Riccis Tod 1732 brachte man Tiepolo überhaupt mit Veronese in Verbindung und das noch bevor dessen Einfluss besonders deutlich in Tiepolos Werk abzulesen war. „Man brauchte einen neuen Veronese und glaubte nicht ganz zu unrecht, aber vielleicht ein wenig mechanisch, Tiepolo genüge den Ansprüchen.“ Alpers/Baxandall 1996, S. 21.

216 Bevor die Verhandlungen mit Tiepolo über die Freskierung des Königlichen Schlosses in Schweden abbrachen, berichtete Graf Tessin Carl Hårlemans in einem Brief, datiert auf den 16. Juni 1736: „Tiepolo, dit Tiepoletto: est fait exprès pour nous; il est sectataire de Paul Veronese, ainsi, comme Vous le dites fort bien, tout est dans ces tableaux richement vetû, jusqu'aux gueux: eh! mais, n'est-ce-pas là la grande mode?“ Vgl. Bettagno/Magrini 2002, S. 82. Auch Sebastiano Ricci wurde bereits früh in der Veronese-Nachfolge gewürdigt. Vgl. Sohm 1990, S. 87. Antonio Maria Zanetti d. Ä. etwa und Vincenzo Da Canal, Autor von *Della maniere del dipinger moderno*, ca. 1733, der Tiepolo in der Vita von dessen Lehrer Gregorio Lazzarini erwähnte, bringen Tiepolos Malerei nicht mit der Malerei Veroneses in Verbindung – „an honor they reserved for Sebastiano Ricci.“ Ebd., S. 91.

Palazzo Clerici in Mailand entstandenes Gedicht von 1740 würdigt ihn als „imitatore di Veronese“[217] und Alessandro Longhi spricht 1762 von seiner „maniera Paolesca“.[218]

Anders als Alpers und Baxandall meinen, erfolgte Tiepolos Übernahme von Figurentypen und Kleidungsstilen nach Veronese folglich nicht bloß aus dem Grund, dass er „etwas brauchte, was er aufführen konnte.“ Die klare Bezugnahme zur Malerei des Cinquecento entsprach dem Zeitgeschmack und zeugte gleichzeitig von seiner Kenntnis der Malerei dieser Epoche im Sinne einer *pittoresca erudizione*. Dennoch waren, wie Alpers und Baxandall richtig erkannten, Veroneses Vorgaben als das Repertoire, aus dem Tiepolo schöpfen konnte, und die in der Gestaltung des Kostüms möglichen Variationen von zentraler Bedeutung. Die den biblischen, historischen oder mythologischen Szenen zugrunde liegenden Quellen berichten zumeist wenig über die Gewandung der Protagonisten und bieten somit der künstlerischen Fantasie viel Raum. In der *bizzaria* der Kleidung konnte Tiepolo – auch bei der Radierung der *Anbetung der Könige* – einen Beweis seiner Schöpfungskraft liefern, dem Betrachter ästhetisches Vergnügen bereiten und zugleich, anhand der Adaption der Figurentypen Veroneses, das Thema der Variation in einem bestimmten Motivkreis wieder aufgreifen.

III. 3 Für Tiepolo vorbildhafte Druckgraphik

Wie bisher festgestellt wurde, griff Tiepolo für seine Bildfindungen auf die unterschiedlichsten Quellen zurück. Er adaptierte und variierte sowohl antike Motive, die er zum Teil anhand von Stichwerken studierte, als auch die venezianische Malerei des Cinquecento, speziell Veroneses, und die zeitgenössische Kunst, wie exemplarisch am Vorbild Sebastiano Riccis für die Radierung der *Anbetung der Könige* herausgearbeitet wurde. Das Spektrum der Anregungen, aus welchem er schöpfte, und der Kreis der Maler, die für seine

217 Vgl. Alpers/Baxandall 1996, S. 21.

218 Vgl. Longhi 1762, S. 17. Algarotti würdigte Tiepolo zudem wiederholt als „l’emulo di Paolo“, vgl. Sohm 1990, S. 92.

künstlerische Entwicklung von Bedeutung waren, ist jedoch noch weit größer. Mariuz charakterisiert dies folgendermaßen:

> „La sua curiosità è sguinzagliata in tutte le direzioni. Egli ghermisce ciò che gli serve là dove lo trova: non solo dalle opere del passato, ma anche da quelle dei suoi contemporanei. Non si tratta solo di Bencovich, Piazzetta, Solimena, Sebastiano Ricci, Pellegrini, la cui importanza per la formazione e l'evoluzione del suo linguaggio pittorico è scontata: egli è attento anche ai lavori di altri artisti, che utilizza allo stesso modo di quelli antichi, cioè per sforbiciarne un particolare, una figura o uno schema compositivo."[219]

Die neben Sebastiano Ricci von Mariuz aufgezählten Künstler sind insbesondere für Tiepolos malerisches Werk von Bedeutung. Auf das Blatt der *Anbetung der Könige* und auf die übrigen Radierungen ist jedoch kein direkter Einfluss nachzuweisen.

In der Art und Weise, wie Tiepolo mit dem Medium der Druckgraphik arbeitete und Licht als wesentliches Element seiner Bildfindungen einsetzte, konnte bereits die Vorbildfunktion der Radierungen Rembrandts festgestellt werden. Von diesem bei den zeitgenössischen Graphiksammlern besonders hoch geschätztem Künstler entlehnte er den Einsatz von Helligkeit als kompositionsschaffendes Element und adaptierte ebenso dessen aufgelöste, virtuose Strichführung.[220] Der lockere Umgang mit der Radiernadel charakterisiert ebenso die Graphiken Castigliones, welche eine weitere Inspirationsquelle für Tiepolo bildeten.[221] Wichtige motivische Anleihen entnahm er ebenso bei Salvator Rosa. Mit Rembrandt verbindet ihn zusätzlich speziell das Interesse an der Darstellung prächtiger, opulenter Kostüme und an den Variationsmöglichkeiten, die in einem eng umrissenen Motivkreis möglich sind.[222]

---

219 Mariuz 1998, S. 36. An anderer Stelle schreibt Mariuz „Le fonti visive di Tiepolo [...] sono le più diverse, tanto antiche quanto contemporanee, illustri o addirittura anonime." Mariuz 1998, S. 33. Hier sind auch einige konkrete Beispiele für Vorlagen und deren Umsetzungen aufgeführt.

220 Vgl. Gilles 2003, S. 90.

221 Vgl. Kapitel II. 2. 3.

222 Kopfstudien zumeist älterer, orientalisch gewandeter Männer, wie sie beispielsweise auf Tiepolos *Raccolta di Teste* zu sehen sind, wurden ähnlich bereits von Rembrandt radiert.

Thematisch lassen sich zudem weitere druckgraphische Vorbilder für die Serien der *Capricci* und der *Scherzi* heranziehen. Tiepolos Radierungen, die sich neben ihrer technischen Virtuosität durch ihren seriellen Charakter und ihre inhaltliche Unbestimmtheit auszeichnen, stehen in der Tradition der von Callot (1592–1635) ausgehenden Capriccio-Serien, bei denen es sich um Variationen von Figurenstudien, Kriegs- und Alltagsszenen handelt, welche die technischen Ausdrucksmöglichkeiten der Radierung demonstrieren und gleichzeitig die Inventionsgabe des Künstlers zur Schau stellen.[223] Diese Folgen erfreuten sich großer Beliebtheit bei den Sammlern und fanden zudem zahlreiche Nachfolger, wie etwa Stefano della Bella (1610–1664) und Salvator Rosa (1615–1673). Rosas Druckgraphiken waren, soweit es sich heute nachvollziehen lässt, insofern von besonderer Bedeutung für Tiepolos druckgraphisches Werk, als eine Auseinandersetzung mit den Arbeiten des Neapolitaners bereits am Anfang seiner Beschäftigung mit dem Medium der Radierung stand.
Im Kupferstichkabinett der Hamburger Kunsthalle befindet sich eine kleinformatige Radierung, die einen neben einer Ruine sitzenden Mann und zwei Mönche darstellt (Abb. 49) und von Anna Mariani überzeugend Tiepolo zugeschrieben wurde.[224] Motivisch hat diese Graphik viel mit Rosas Serien der *Figurine* gemein und ist speziell mit einer ebenfalls dreifigurigen Komposition, die Hirten in einer Landschaft zeigt (Abb. 50), verbunden.[225] Aus diesem Grund wurde seit dem Ende des 19. Jahrhunderts wiederholt Salvator Rosa als Urheber der Radierung herangezogen. Der Stil des Blattes, eine lockere, nervöse Linienführung, entspricht jedoch nicht seiner künstlerischen Handschrift (vgl. Abb. 51). Vielmehr ist dieser freie Umgang mit der Radiernadel charakteristisch für Tiepolo, für den zudem ein häufig in seinem Werk zu findendes Detail spricht: das Medaillon, welches der sitzenden Figur über den Rücken hängt.[226] Tiepolo wählte sich Rosas Radierung zur Vorlage, modifizierte sie und übertrug

223 Vgl. Busch 1986, S. 45f.

224 Giambattista Tiepolo (zugeschr.), *Krieger mit zwei Mönchen*, undatiert, 68 x 106 mm, nur belegt in der Hamburger Kunsthalle, Inv. Nr. 2230. Mariani 1986, S. 110. Diese Zuschreibung wird ebenso im Ausst. Kat. Köln/Zürich/Wien 1996, S. 344 vertreten.

225 Salvator Rosa, *Schäfer*, ca. 1660/61, 108 x 163 mm.

226 Vergleichbar ist beispielsweise das Schmuckstück, welches der kniende König auf der Radierung der *Anbetung der Könige* trägt.

das Motiv in seinen Stil. Dass er hierbei thematisch und kompositorisch noch eng Rosa verhaftet blieb, belegt die irrtümliche Zuschreibung an diesen. Das Blatt ist weniger eigenständig und komplex als die deshalb wohl später zu datierenden *Capricci*, *Scherzi* und die großformatige Radierung der *Anbetung der Könige*.

Jedoch folgt auch das Hamburger Blatt bereits dem wiederholt beobachteten Thema von Vorlage und Variation. Tiepolo kopierte Rosa nicht, er adaptierte ihn. Neben den technischen Möglichkeiten, die ihm das Medium der Radierung bot, spielten auch hier bereits, ebenso wie später in seinen übrigen druckgraphischen Arbeiten, die künstlerische Fantasie und Schöpfungskraft eine Rolle.[227]

III. 3. 1 Tiepolos Umgang mit der Vorlage

Tiepolos Rezeption von alter und zeitgenössischer Kunst, die Auseinandersetzung mit seinen Inspirationsquellen – mit den Antiken, den Stichwerken nach Antiken, der zeitgenössischen und älteren Malerei sowie mit Künstlergraphik – erfolgte stets im Sinne des zeitgenössischen Verständnisses von *erudizione*.[228] Über Bildzitate bewies er seine breitgefächerte Gelehrsamkeit und in den fantasievollen, spielerischen Modulationen, die er an diesen Vorlagen vornahm, gab er zugleich einen Beweis seiner künstlerischen Schöpfungskraft. Was zunächst im Einzelnen anhand seines Umgangs mit der *Descrizione* und Riccis sowie Veroneses Gemälden für die *Anbetung der Könige* beobachtet werden konnte, gilt in gleichem Maße für seine weiteren Radierungen. Das großformatige Einzelblatt steht den übrigen Blättern somit nicht nur durch ähnliche Motive, den freien, lockeren Umgang mit der Radiernadel,[229] das Spiel mit der Erwartungshaltung des Betrachters und die hieraus resultierende stärkere Bemühung desselbigen nahe.[230] Die in ihm präsentierte, über antiquarische Gelehrsamkeit hinaus-

227 Dies kann ebenso für die weiteren teilweise Tiepolo zugeschriebenen Radierungen behauptet werden. Vgl. Fn. 23.

228 Eine Ausnahme bildet eine direkte Kopie nach Veronese. Doch diese führte Tiepolo auf Wunsch Algarottis aus. Vgl. Fn. 211.

229 Vgl. Kapitel II. 2. 2 und II. 2. 3.

230 Vgl. Kapitel II. 7.

gehenden Kennerschaft verschiedenster Quellen und die Fantasie in deren Variation sind weitere verbindende Elemente.
Giambattista Tiepolos Fähigkeit, aus einem begrenzten Motivrepertoire immer neue Bildfindungen zu entwickeln, kommt in seinem druckgraphischen Werk besonders zum Tragen und ist ein zentrales Motiv seiner Tätigkeit als Radierer. Sein Interesse an der Variation von bekannten Bildvorlagen steht in Zusammenhang mit dem bereits besprochenen, veränderten Sammlerverhalten und erfolgt im Sinne des Kunstverständnisses des Grafen Algarotti:

> „Die Behandlung schöner Gegenstände durch geschickte Männer, die verschiedenen Formen, die derselbe Gegenstand unter den Händen verschiedener Meister annimmt, wird den Geist des Künstlers sehr bereichern und sein Feuer ungemein nützlich unterhalten.“[231]

III. 4 Die Radierung der *Anbetung der Könige* als Vorlage

Trotz der großen Beliebtheit, der sich Tiepolos Druckgraphiken, Gemälde und Fresken bei den zeitgenössischen Sammlern und Kennern erfreuten,[232] blieben künstlerische Reaktionen in seiner Nachfolge weitestgehend aus. Diese mangelnde Resonanz begründet sich in einer veränderten Kunstauffassung, die sich in der zweiten Hälfte des 18. Jahrhunderts hin zu klassizistischen Idealvorstellungen entwickelte. Winckelmann schrieb bereits 1763 abschätzig: „Tiepolo macht mehr an einem Tag als Mengs in einer Woche: aber jenes ist gesehen

231 Versuche über die Architektur, Mahlerey und musikalische Oper aus dem Italiänischen des Grafen Algarotti, übersetzt von Rudolf Erich Raspe, Cassel bey Johann Friedrich Hemmerde 1769, S. 162, zitiert nach Buberl 1993, S. 419.

232 Der Beifall, den seine Werke fanden, lässt sich nicht nur aus den hohen Preisen, der ausgesprochen guten Auftragslage und den erhaltenen zeitgenössischen Kommentaren zu seinen Arbeiten ablesen. Neben Giandomenico fertigten auch Leonardis, Berardi, Scattaglia, Wagner, De Non und Pietro Monaco Reproduktionsgraphiken nach seinen Werken an. Vgl. Molmenti 1911, S. 180. Es muss folglich auch hier eine entsprechend große Nachfrage bestanden haben.

und vergessen; dieses bleibt ewig."[233] Und nur fünf Jahre nach Tiepolos Tod wurden seine für die Kirche San Pascual Baylon in Aranjuez gemalten Altarbilder wieder aus dieser entfernt und durch Werke von Mengs ersetzt.[234] Der nur eingeschränkte Nachhall von Tiepolos Druckgraphik hängt darüber hinaus jedoch auch mit der nur eingeschränkten Verbreitung derselbigen zu Lebzeiten des Künstlers zusammen.[235]

Für die Radierung der *Anbetung der Könige* ist neben der bereits behandelten anonymen Federzeichnung in der Shickman Gallery kein weiteres Nachfolgewerk belegt, das die Bildfindung direkt oder lediglich leicht variiert wiedergibt.[236] Von der Ölskizze eines unbekannten Künstlers in der National Gallery of Canada (Abb. 52)[237] lässt sich zwar vermuten, dass Tiepolos Blatt der *Anbetung der Könige* Einfluss auf die Komposition hatte – die übergreifende U-Form in der Anordnung der Figuren, die Ausrichtung nach links sowie die Rückenansicht des knienden Königs entsprechen der Radierung. Jedoch ist der am rechten Bildrand stehende, farbige König dem Münsterschwarzacher Altargemälde entnommen, während das die Hintergrundfolie bildende Architekturcapriccio keiner der

233 Winckelmann 1968, S. 230.

234 Vgl. Whistler 1986, S. 202.

235 Zeitgenössisch fanden die Bildfindungen von Giambattista Tiepolo besonders im Werk seines Sohnes Giandomenico Nachhall. Von Lorenzo sind Federstudien mit Variationen zu den *Capricci* und *Scherzi* bekannt. Vgl. Schwarz-Weisweber 2004, S. 26. Auch von Guardi ist bekannt, dass er nach den *Capricci* arbeitete. Vgl. Binion 1968, S. 519. Levey 1986, S. 100, sieht zudem in acht 1744 erschienen Radierungen Fontebassos eine Hommage an die *Capricci*. Deren Titulierung in der zweiten Ausgabe der *Raccolta* Zanettis wird eventuell auch für Piranesis Benennung seiner ersten Fassung der *Carceri* vorbildhaft gewesen sein. Vgl. Busch 1996a, S. 67. Berühmtestes Beispiel für eine Nachfolge der Radierungen Tiepolos sind Goyas *Los Capriccios*. Doch aufgrund der Wahl eines anderen druckgraphischen Verfahrens, der Acquatinta, erzielen diese eine vollkommen unterschiedliche Wirkung. Auch motivisch ähneln sie kaum Tiepolos *Scherzi* oder *Capricci*. Goyas Drucke sind nicht speziell auf Tiepolos bezogen sondern ein Höhepunkt in der Tradition druckgraphischer Capriccio-Serien und zugleich notwendiger Endpunkt derselben. Vgl. Busch 1986, S. 53 und S. 60ff.

236 Vgl. Kapitel II. 4. 4. Von Tiepolos Münsterschwarzacher Altarbild desselben Themas ist hingegen belegt, dass Januarius Zick es studierte. Eine der Bildkomposition Tiepolos folgende Zeichnung und ein ähnliches Gemälde sind publiziert bei Schneider 1984, Abb. 152 und 153.

237 Anonymer Tiepolo-Nachfolger, *Anbetung der Könige*, 2. Hälfte 18. Jh., 568 x 446 mm, Ölskizze, National Gallery of Canada, Ottawa, Inv. Nr. 5050.

beiden *Anbetungen der Könige* Giambattistas entspricht und die Szenerie zudem um die Darstellung eines Obelisken bereichert ist. Als Kompositum und Adaption verschiedener in Tiepolos Werk zu findender Elemente folgt die Ölskizze nicht eindeutig der Radierung.

Den deutlichsten Widerhall erfuhren Giambattistas Bildfindungen im Werk seines Sohnes Giandomenico, der sich stilistisch und motivisch stark an seinem Vater orientierte. Er nutzte dessen Figuren- und Gegenstandsrepertoire, ohne dabei dem ursprünglichen Kontext verhaftet zu bleiben. So findet sich etwa das Kostüm des farbigen Königs vom Münsterschwarzacher Altarbild der *Anbetung der Könige* nur leicht verändert auf zwei profanen, mit der Thematik der Commedia dell'Arte verbundenen Gemälden Giandomenicos wieder.[238] Ebenso wie Giambattista variierte Giandomenico Motive in den unterschiedlichsten Zusammenhängen.

Zusätzlich beschäftigte er sich auch mit der biblischen Historie der *Anbetung der Könige*. Wahrscheinlich zeitnah zu Giambattista Tiepolos Variationen des Themas fertigte er eine kleine, querformatige Ölskizze an, die sich heute im Wallraf-Richartz-Museum in Köln befindet (Abb. 53) und deutliche Verwandtschaften zu Giambattistas Radierung, dem Altarbild und auch zu dessen Zeichnungen aufweist.[239] Während Joseph verschattet im Hintergrund stehend nur eine untergeordnete Rolle spielt, bilden Maria, Jesus und der kniende, greise König die zentrale Bildgruppe. Zudem entspricht die Figur des farbigen Königs in ihrer Haltung und Gewandung der Darstellung auf Giambattista Tiepolos Berliner Federzeichnung und dem Blatt in der Achenbach Foundation in San Francisco (Abb. 38 + 39). Das Teil eines zerbrochenen Rades im linken Bildvordergrund ist ebenso auf der Zeichnung in Cleveland (Abb. 40), dem Münsterschwarzacher Gemälde und der Radierung der *Anbetung der Könige* zu sehen. Giandomenico entnahm einzelne Bildelemente von unterschiedlichen Vorlagen, modifizierte sie

---

238 Sogenannte *Menuett- oder Karnevalsszenen*, im Louvre und im Metropolitan Museum of Art. Die Bilder werden Mitte der 50er Jahre des 18. Jahrhunderts datiert. Die zentrale, das rote Kostüm mit den schwarz-weiß gestreiften Ärmeln tragende Figur wird als Mezzetino, eine Gestalt der Commedia dell'Arte, identifiziert. Vgl. Homepage des Metropolitan Museum of Art, www.metmuseum.org/toah/ho/09/eustn/ho_1980.67.htm, Zugriff am 29. 09. 2010.

239 Giandomenico Tiepolo, *Anbetung der Könige*, 42 x 56 cm, Öl/Lw., Wallraf-Richartz Museum, Köln, Inv. Nr. 1070.

und baute ebenso wie sein Vater ungewöhnliche Lösungen und launige Spielereien ein. Beispielsweise zielt auf der Ölskizze der vom Stern ausgesendete Lichtstrahl auf den Hinterkopf des farbigen Königs statt auf die eigentlichen Hauptfiguren. Auch Giandomenico Tiepolos Umgang mit dem Thema folgte somit dem Leitmotiv der capricciohaften Variation.[240]

Trotz der mangelnden künstlerischen Resonanz, die Tiepolos Radierung der *Anbetung der Könige* erfuhr, erfreute sie sich aber in Sammlerkreisen nach wie vor einer gewissen Wertschätzung. Es ist belegt, dass Antonio Canova (1757–1822) Anfang der 90er Jahre des Settecento eine Ausgabe des *Catalogo* erwarb und zudem noch weitere Einzelblätter Giambattistas. Für die Radierung der *Anbetung der Könige* zahlte er 11 Lire – denselben Preis, den auch Mariette 1757 gezahlt hatte.[241] Darüber hinaus besaß Canova etwa 500 Zeichnungen und eine Gruppe Ölskizzen von Tiepolo.[242] Die anhand dieser Sammlung deutlich ablesbare Bewunderung Canovas für Tiepolo spiegelt sich jedoch nicht in dessen Werk wider. Tiepolos Kunst entsprach nicht mehr dem Zeitgeschmack und Canova folgte als klassizistischer Bildhauer vollkommen anderen künstlerischen Idealen. Dennoch war er bereit, für die Radierungen einen sehr hohen Preis zu zahlen. Die Künstlergraphiken, Entwürfe und Zeichnungen Tiepolos wurden als Ausdruck seines Ingeniums und seiner Virtuosität weiterhin geschätzt und gesammelt, dienten jedoch nicht der künstlerischen Orientierung.[243]

240 Eben dies lässt sich auch bei seiner 24 Radierungen umfassenden Folge der *Ruhe auf der Flucht nach Ägypten* beobachten, die 1753 erstmals erschien.

241 Vgl. Pavanello 1996, S. 14. Auch die weiteren Radierungen Tiepolos waren preislich konstant geblieben.

242 Vgl. Pavanello 1996, S. 8. Für die Ölskizzen wurden ebenso weiterhin hohe Preise gezahlt. Auch hier mag die Begründung darin liegen, dass sie vorrangig seine ingeniöse Bildfindung transportieren. Vgl. Christiansen 1996, S. 285.

243 Die generelle Ablehnung der Arbeiten Tiepolos, welche dazu führte, dass man um 1900 die Blätter für einige Schillinge das Stück erwerben konnte (das British Museum kaufte eine Ausgabe des *Catalogo* für 2 £ 10) setzte somit erst später ein. Vgl. Hind 1921, S. 37 und 46.

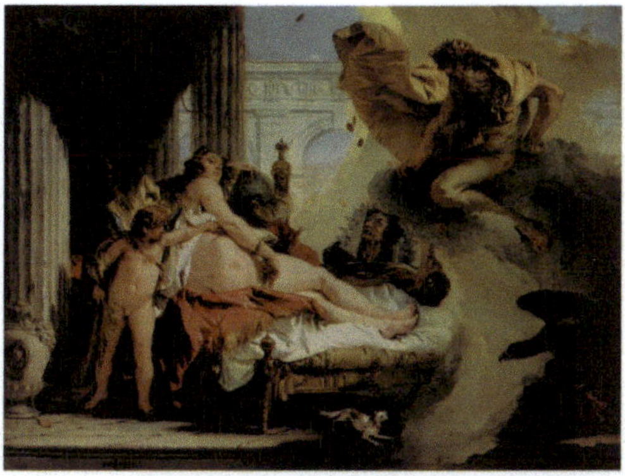

Abb. 35, Giambattista Tiepolo, *Jupiter und Danae*, 1734–36, 41 x 53 cm, Öl/Lw., Kunstsammlung der Stockholmer Universität.

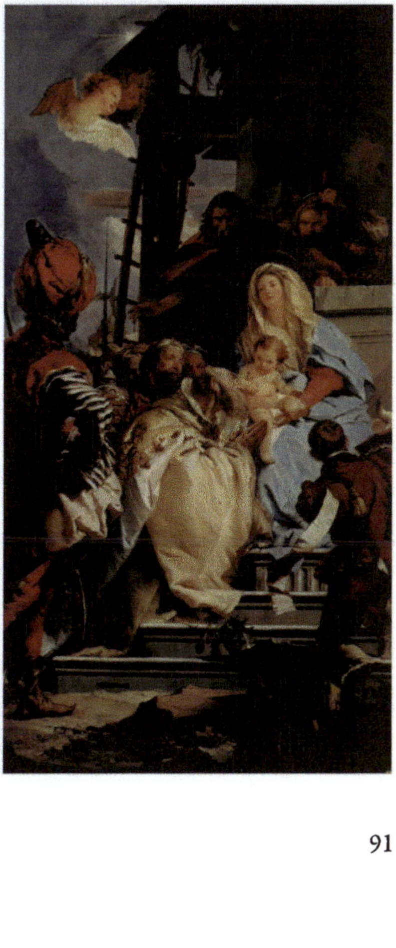

Abb. 36, Giambattista Tiepolo, *Anbetung der Könige*, 1753, 405 x 211 cm, Öl/Lw., Bayerische Staatsgemäldesammlungen, München, Alte Pinakothek, Inv. Nr. 1159.

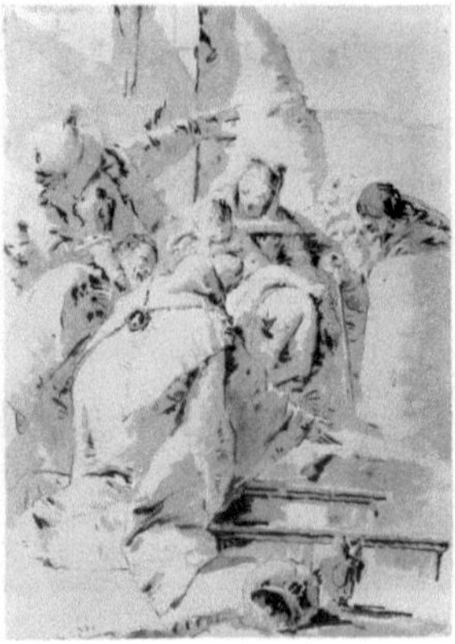

Abb. 37, Giambattista Tiepolo, *Anbetung der Könige*, undatiert, 417 x 290 mm, Feder und braune Tinte, braun laviert über schwarzer Kreide, Metropolitan Museum of Art, New York, Rogers Fund, Inv. Nr. 37.165.15

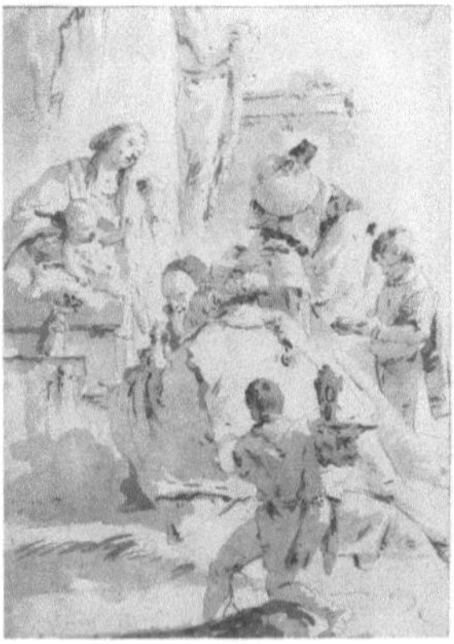

Abb. 38, Giambattista Tiepolo, *Anbetung der Könige,* undatiert, 420 x 295 mm, Feder und Lavierung über schwarzer Kreide, SMPK, Berlin, Kupferstichkabinett, erworben vor 1879, KdZ 1367

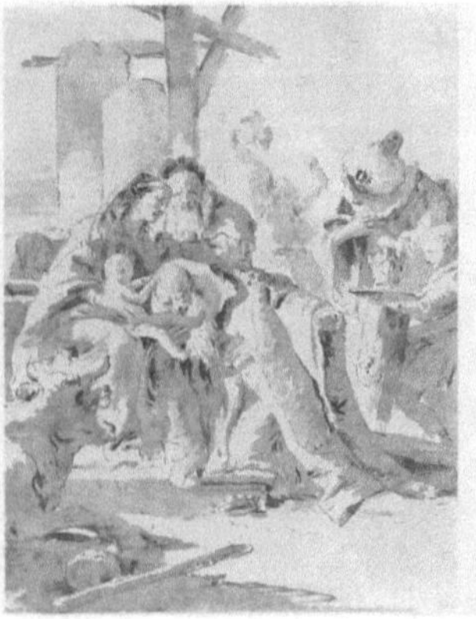

Abb. 39, Giambattista Tiepolo, *Anbetung der Könige*, undatiert, 405 x 294 mm, Feder und Lavierung über schwarzer Kreide, Achenbach Foundation for Graphic Arts, Palace of the Legion of Honor, San Francisco, Inv. Nr. TL1653.63

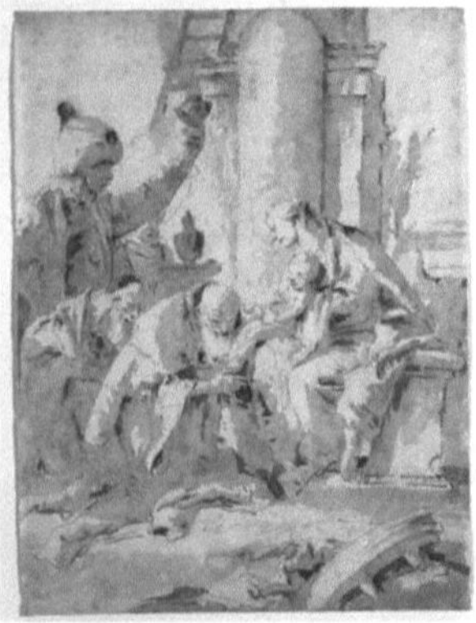

Abb. 40, Giambattista Tiepolo, *Anbetung der Könige*, undatiert, 287 x 285 mm, Feder und Lavierung über schwarzer Kreide, Cleveland Museum of Art, Inv. Nr. 1944.474

Abb. 41, Giambattista Tiepolo (zugeschr.), *Anbetung der Könige*, undatiert, 603 x 476 mm, Öl/Lw., Metropolitan Museum of Art, New York, Rogers Fund, Inv. Nr. 37.165.1

Abb. 42, Unbek. Künstler, *Anbetung der Könige* nach Giambattista Tiepolos Radierung, undatiert, 553 x 394 mm, Feder und Lavierung, weiß gehöht über schwarzer Kreide, auf ursprünglich weißem, braun getöntem Papier, Shickmann Gallery, New York

Abb. 43, Giandomenico Tiepolo, *Steinigung des Hl. Stephanus*, 1754, 388 x 203,8 cm, Öl/Lw., Residenz Würzburg, Staatsgalerie

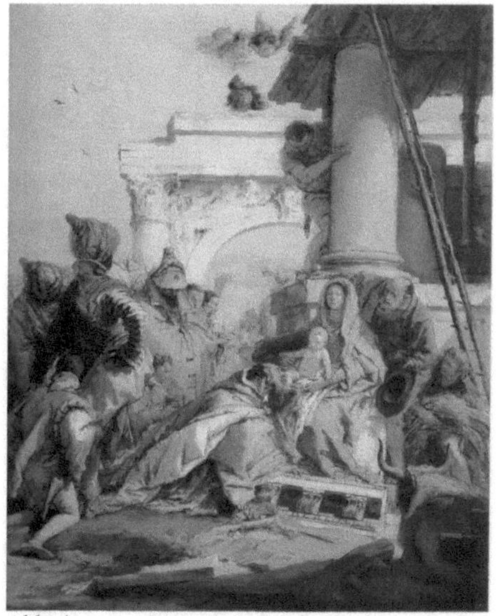

Abb. 41

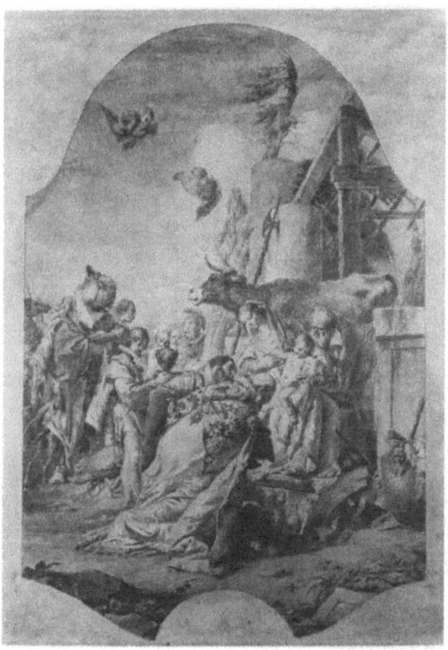

Abb. 42

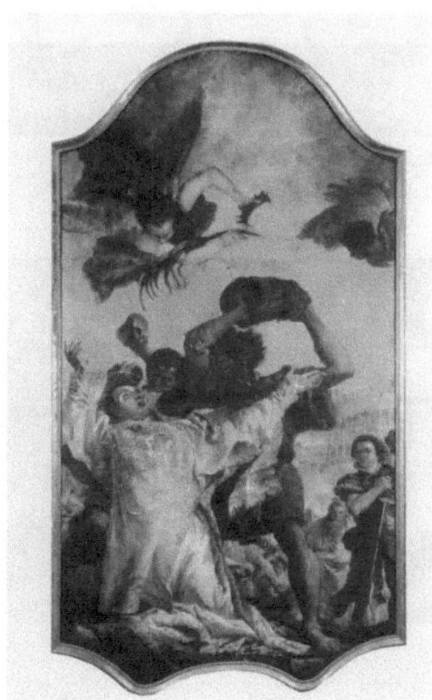

Abb. 43

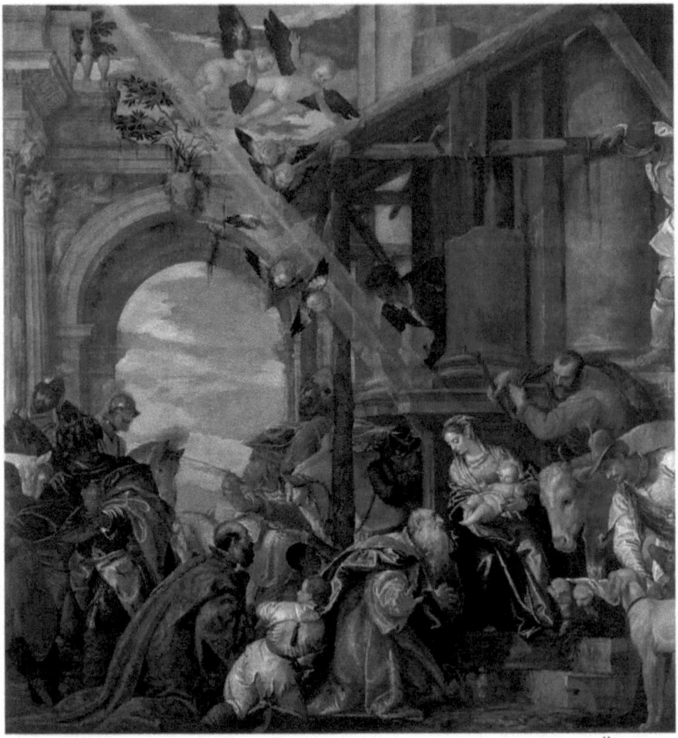

Abb. 44, Paolo Veronese, *Anbetung der Könige*, 1575, 355,6 x 320 cm, Öl/Lw., National Gallery, London

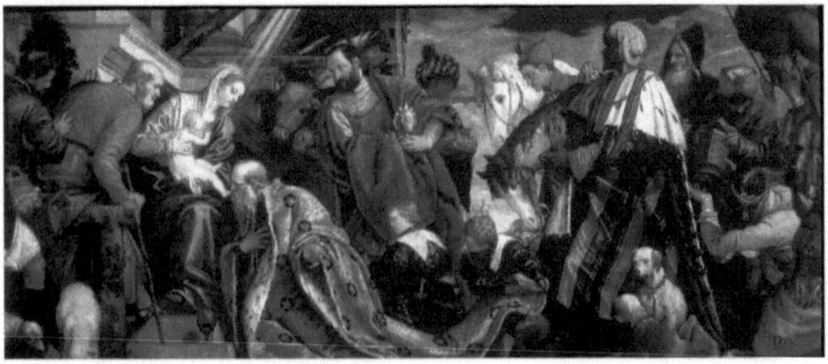

Abb. 45, Paolo Veronese, *Anbetung der Könige*, nicht datiert, 206 x 455 cm, Öl/Lw., Gemäldegalerie Alte Meister, Dresden

Abb. 46, Sebastiano Ricci, *Anbetung der Könige*, 1726, 330,2 x 289,6 cm, Öl/Lw., Royal Collection Windsor, Inv. Nr. 1173

Abb. 47, Giambattista Tiepolo, *Karikatur eines Mannes mit Degen*, Federzeichnung, National Gallery of Ontario, Toronto

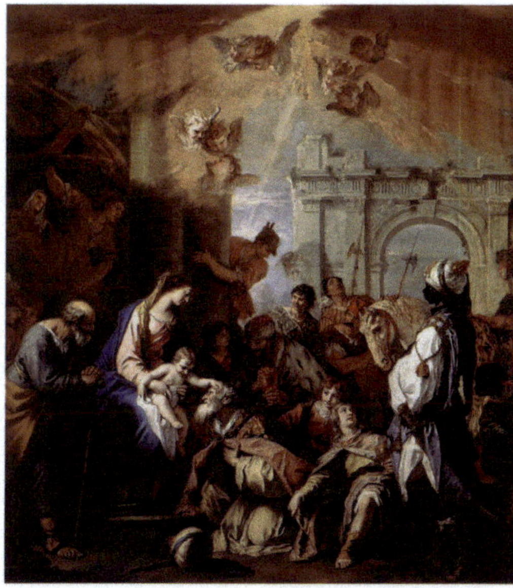

Abb. 46

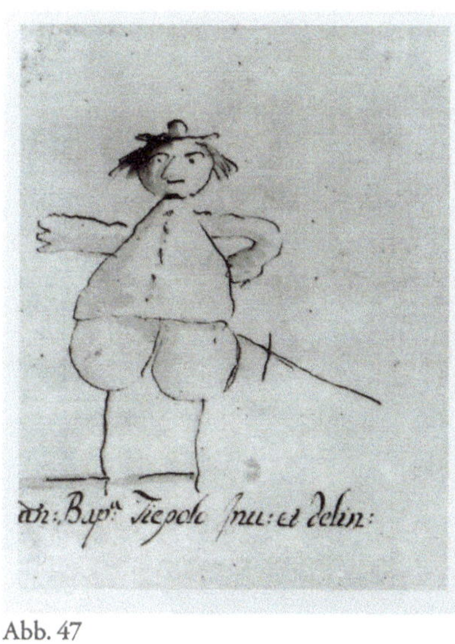

Abb. 47

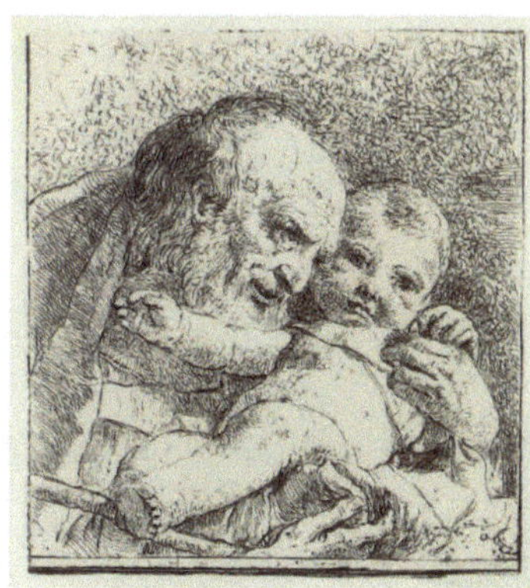

Abb. 48, Giambattista Tiepolo, *Hl. Josef mit Kind*, nicht datiert, 96 x 87 mm, Radierung, Privatbesitz

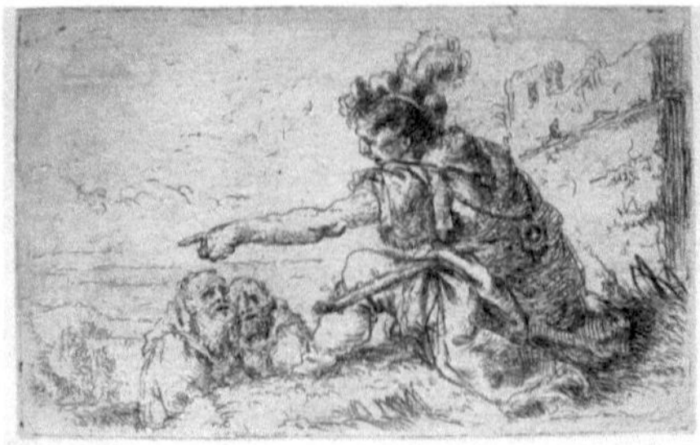

Abb. 49

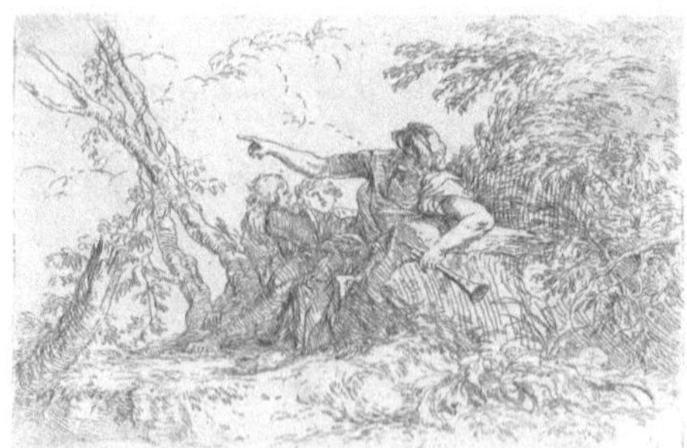

Abb. 50

Abb.49, Giambattista Tiepolo (zugeschr.), *Krieger mit zwei Mönchen*, nicht datiert, 68 x 106 mm, Radierung, Hamburger Kunsthalle, Kupferstichkabinett, Inv. Nr. 2230

Abb. 50, Salvator Rosa, *Schäfer*, ca. 1660/61, 108 x 163 mm, Radierung, Privatbesitz

Abb. 51, Salvator Rosa, *Der Genius Salvator Rosas*, ca. 1662, 457 x 275 mm, Radierung, Privatbesitz

Abb. 52, Anonymer Tiepolo-Nachfolger, *Anbetung der Könige*, 2.H. 18.Jh., 568 x 446 mm, Ölskizze, National Gallery of Canada, Ottawa, Inv. Nr. 5050

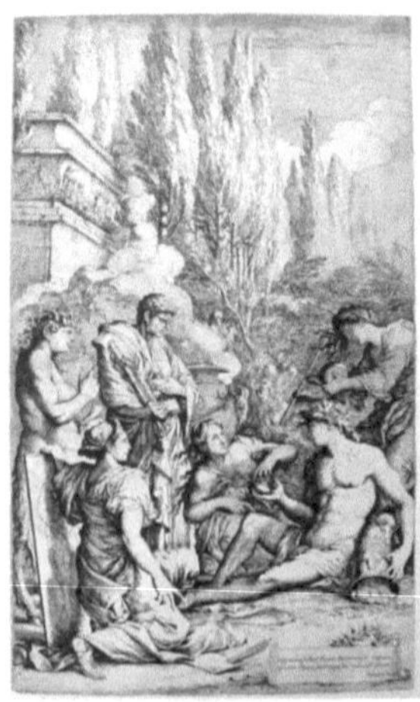

Abb. 51

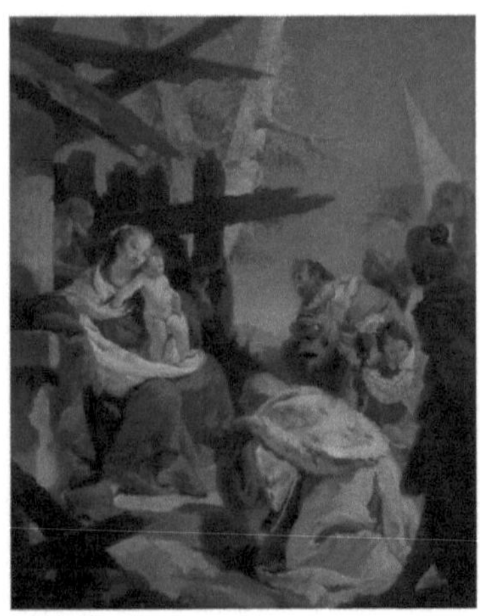

Abb. 52

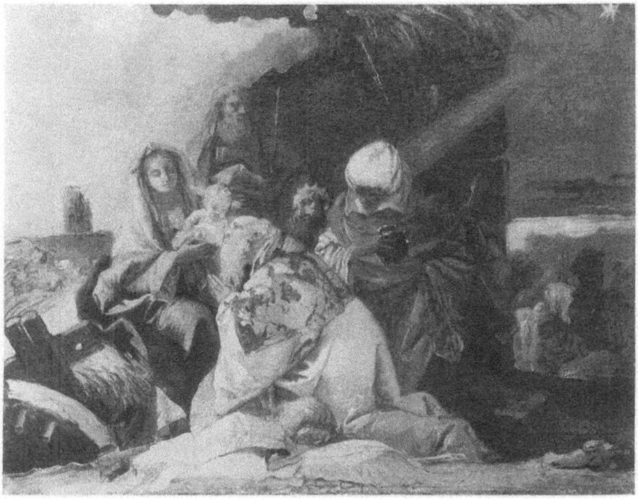

Abb. 53, Giandomenico Tiepolo, *Anbetung der Könige*, 42 x 56 cm, Öl/Lw., Wallraf-Richartz Museum, Köln, Inv. Nr. 1070

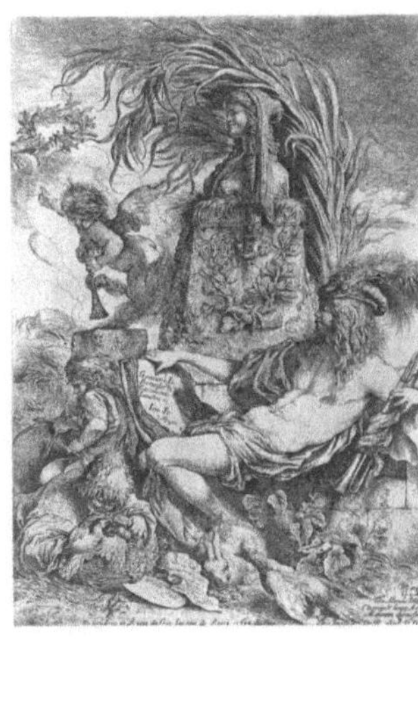

Abb. 54, Giovanni Benedetto Castiglione, *Der Genius Castigliones*, 1648, 364 x 244 mm, Radierung, Privatbesitz

IV. Semantischer Gehalt der Radierungen Tiepolos

IV. 1 Deutungsansätze

Wie im Vorhergehenden gezeigt werden konnte, ähnelt die großformatige Radierung der *Anbetung der Könige* stilistisch, motivisch und im konzeptionellen Interesse an der Variation den übrigen druckgraphischen Arbeiten Tiepolos. Der religiöse Gehalt des Blattes ist lediglich von sekundärer Bedeutung und tritt hinter der Art und Weise, wie Tiepolo den Bildgegenstand behandelt, zurück. Auch verfolgt die Darstellung der biblischen Historie weder moralisierende noch didaktische Ansprüche und ist in etwa zeitgleich mit den Blättern der *Scherzi* entstanden. Die *Anbetung der Könige* ist somit wesentlich stärker in Tiepolos druckgraphisches Werk integriert, als es auf den ersten Blick scheint. Diese Beobachtung leitet zu der Behauptung über, dass, anders als bisher geschehen, das Einzelblatt auch in die Deutungsversuche zu den *Capricci* und *Scherzi* mit einbezogen werden sollte.

Im Rahmen der Erörterung möglicher Beweggründe Tiepolos für die Radierung der *Anbetung der Könige* und die Beschäftigung mit dieser druckgraphischen Technik wurde die Frage des Inhaltes seiner Blätter bereits kurz gestreift.[244] Die seit dem Beginn der wissenschaftlichen Auseinandersetzung wiederholt vertretene These, es handle sich bei den Arbeiten um rein private Druckgraphiken, die einen Ausbruch aus dem Künstler-Auftraggeber-Verhältnis darstellen und dementsprechend inhaltsleere Spielereien seien, konnte als nicht haltbar widerlegt werden. Es ist jedoch zu vermuten, dass die Radierungen ohne Auftrag entstanden sind und der anfänglichen Beschäftigung mit diesem Medium durchaus ein Vergnügen an den hier gegebenen Ausdrucksmöglichkeiten und der capricciohaften Variation zugrunde gelegen hat. Dies lässt eine Aussage Francesco Gabburris vermuten, der in seinen unveröffentlichten, zwischen 1719 und 1741 verfassten *Vite di pittori* schreibt:

244 Vgl. Kapitel II. 3.

> „Gio. Batta Tiepolo [...] ha intagliato per suo divertimento alcune carte all'acquaforte, di suoi capricci piene di vivacità e di buon gusto."[245]

Gabburi kannte, wie sich aus der Formulierung „alcune carte" rückschließen lässt, die Serie der *Capricci* nicht, war aber dennoch von Radierungen Tiepolos unterrichtet. Somit waren auch die ersten druckgraphischen Versuche, die durchaus einem reinen Interesse an der Technik entsprungen sein mögen, bereits nicht gänzlich privater Natur.[246]

Neben der mangelnden systematischen Verbreitung der Druckgraphiken Tiepolos zu dessen Lebzeiten gibt besonders die Nicht-Benennbarkeit der Bildgegenstände der *Capricci* und der *Scherzi* der Forschung Rätsel auf.
Die sich wiederholenden, auf vielen der Blätter auftauchenden Eulen und Schlangen – welche symbolisch für Weisheit stehen können, hier jedoch zugleich bedrohlich wirken –, die überwucherten Architekturfragmente und Grabmäler, die Tierschädel und speziell das Capriccio *Der Tod gibt Audienz* (V10, Abb. 9) bilden die Grundlage einer Deutung im Sinne eines *memento mori*.[247] Doch der bei

---

245 Francesco Maria Niccolò Gabburis vierbändiges, ca. 1719–1741 entstandenes (Gabburi starb 1742), bisher unpubliziertes Werk, das sich heute in der Biblioteca Nazionale Centrale in Florenz befindet. BNCF, Ms. Pal. E. B. 9. 5. , III, S. 1521. Zitiert nach Rutgers 2006, S. 255.

246 Der florentiner Kunsthistoriker und Sammler starb im Jahr der ersten Publikation der *Capricci*. Da er aber zuvor in Kontakt mit Zanetti stand, erhielt er eventuell über diesen Kenntnis von Tiepolos Beschäftigung mit der Druckgraphik. Ein entsprechender Brief ist jedoch nicht erhalten. Mit „alcune carte" können durchaus auch bereits Blätter der später *Capricci* genannten Serie gemeint sein. Es ist leider nicht möglich zu sagen, inwieweit Gabburi die Graphiken kannte. Es ist jedoch davon auszugehen, dass den *Capricci* erste druckgraphische Versuche vorangingen, die heute nicht bekannt sind. Eventuell könnte es sich dabei um kleinere Studien handeln, ähnlich den späteren Kollaborationen zwischen Algarotti und Tiepolo, die vielleicht ein Produkt der Unterweisung Algarottis durch Tiepolo sind. Vgl. Santifaller 1977 und Succi 1985, S. 32–34. Die in Hamburg befindliche Radierung Tiepolos, welche einen sitzenden Mann und zwei Mönche zeigt, kann wegen ihrer starken Anlehnung an Salvator Rosa wohl auch dem Frühwerk zugeordnet werden. Vgl. Fn. 224.

247 Vgl. Holler 2001, S. 95. Ebenso Craske 1997, S. 85, der meint, dass speziell die Figur des Pulcinella ein „focus for the painter's private reflections of human vanity" zu sein

all diesen Elementen mitschwingende Vanitas-Gedanke funktioniert nicht als zentrale Bildaussage. Hierfür sind die Blätter zu enigmatisch. Über die Vergänglichkeitssymbolik wird eine elegisch-melancholische Grundstimmung[248] geschaffen, jedoch keine klare Aussage getroffen. Die Radierungen sind scheinbar bedeutungsschwer und symbolgeladen, doch die einzelnen dargestellten Objekte lassen sich nicht in einer übergreifenden Bildaussage auflösen.[249] Weder sind die Bildfelder als einzelne Szenen zu entschlüsseln noch fügen sich die Blätter der Serien in einen Sinnzusammenhang.[250]

Die einzelnen Radierungen der *Capricci* und der *Scherzi*[251] sind ausschließlich mehrfigurig und von einem sich wiederholenden, vorwiegend aus alten Weisen, Knaben, Soldaten und männlichen wie weiblichen Satyrn bestehenden Bildpersonal bevölkert, welches zumeist eng gruppiert ist – doch die Szenen sind nicht narrativ, sie zeigen keine Handlung.[252] Aus diesem Grund ist ein weiterer, ausgesprochen häufig und noch in der jüngsten Forschung vertretener Deutungsansatz, es handle sich bei den Szenen um die Darstellung magischer Praktiken,[253] so nicht richtig. Die alten, orientalisch gewandeten Männer, die sich

---

scheint. Ebd. Allerdings vertritt auch er die These, dass die Serien einer generellen Unbestimmtheit folgen, voller Vergänglichkeitssymbolik sind, ohne eine klare Aussage zu treffen. „The prints are once meaningful and meaningless." Ebd., S. 201.

248 Vgl. Busch 1986, S. 54.

249 Vgl. Alpers/Baxandall 1996, S. 35. Aus diesem Grund ist Pilos Behauptung, alles würde auf die Erleuchtung und Weisheit hinweisen so nicht richtig - vor allem, da er für diese Lesart über die Zahlensymbolik und die Siebenzahl der Eulen auf dem Frontispiz argumentiert. Vgl. Pilo 1983, S. 20. Es sind jedoch neun Eulen auf dem Blatt zu sehen.

250 Vgl. Holler 2001, S. 95.

251 Ausgenommen das Titelblatt der *Scherzi* (V 13, Abb.12), auf dem sich lediglich einige Eulen finden.

252 Vgl. Alpers/Baxandall 1996, S. 40.

253 Zuletzt: Middeldorf Kosegarten 2007, hier auch eine Zusammenfassung der verschiedenen, den „magischen Gehalt" der Serien betreffenden Forschungsansätze. „Sofern die Forschung sich zum mutmaßlichen Inhalt der Radierungen äußerte, stand das Syndrom uralter bis zeitgenössischer Magie in seinen diversen Aspekten im Vordergrund, wie es sich möglicherweise in der spezifischen Interpretation Tiepolos als ‚Capricci' gebrochen haben könnte." Middeldorf Kosegarten 2007, S. 253. In diesem Zusammenhang wurden auch Überlegungen zu Tiepolos Haltung der Magie und dem Okkultismus gegenüber getätigt und zu der Frage, ob er an Hexen oder Magier glaubte. Vgl. Craske 1997, S. 202–203. Dempsey 1972, S. 504–507 versucht die beiden Serien mit dem Gnostizismus in Verbindung zu bringen.

als Magier interpretieren lassen, die heidnischen Altäre, die Schlangen und die Tierschädel schaffen eine Allusion an magische Praktiken. Sie sind Ursache für die mysteriöse, unwirkliche Atmosphäre der Blätter, allein – Zauberei selbst findet nicht statt.[254]

„Bestimmte Bereiche des Mystisch-Okkulten sind bei Tiepolo angesprochen, korrespondieren mit einer deutlichen Mysterienmode um die Mitte des 18. Jahrhunderts in Venedig. Bukolisch-Arkadisches klingt an, der vorherrschende

254 Deshalb zielt der Aufsatz von Middeldorf Kosegarten am eigentlichen Bildgegenstand vorbei. Wenn sie von Tiepolos „Magiern" als „Orientalen, die vermittels geheimgehaltener Riten in Verbindung mit höheren Mächten treten konnten" (Middeldorf Kosegarten 2007, S. 251) spricht, blendet sie aus, dass derartige Handlungen auf den Blättern nicht stattfinden. Bereits Büttner 1996a, S. 159f und 1998, S. 155, wies darauf hin, dass weder Personen noch Vorgänge auf den Blättern mit Hexenglauben zusammengebracht werden können. Zu den *Capricci* schreibt Middeldorf Kosegarten, dass „magische Vorgänge [...] in ihnen noch nicht so stark in den Vordergrund [treten] wie in den ebenfalls ohne logische Abfolge präsentierten 23 Blättern der Scherzi." Middeldorf Kosegarten 2007, S. 252. Die als „Magier" interpretierbaren Alten erscheinen lediglich auf vier der zehn Blätter und es sind keine Zauberhandlungen zu sehen. Selbst von „noch nicht so stark in den Vordergrund" treten kann kaum die Rede sein. Zur Deutung schreibt Middeldorf Kosegarten weiter: „Ihr magisches Potential erhellen eigentlich erst die *Scherzi*." Ebd., S. 252. Wenn es der zweiten Serie bedarf, um die erste zu deuten, ist dies ein sehr fragwürdiger Interpretationsansatz. Aufgrund fehlender konkreter Darstellung magischer Praktiken auch bei den *Scherzi* beginnt sie zudem, in Szenen derartiges hineinzudeuten: einen skulptierten, kopflosen Putto an einem Obelisken (V15, Abb.14) liest sie als Verweis auf Kindesopfer, das *Capriccio Reiter mit Pferd* (V 12, Abb.11, eine fast wörtliche Anspielung an Van Dyck, vgl. Büttner 1996a, S. 158) deutet sie als hydromantisches Experiment zur Herbeischaffung eines Pferdes und in dem *Scherzo Drei Männer und Pferd* (V31) schließlich sieht sie eine Darstellung „offensichtlicher Zauberei", obwohl auch hier keine Handlung stattfindet. Vgl. Middeldorf Kosegarten 2007, S. 266–273. All dies ist nicht nachvollziehbar. Und auch Middeldorf Kosegartens Versuche, die beiden druckgraphischen Serien mit konkreten Publikationen zur Magie in Verbindung zu bringen, greifen nicht. Für das *Scherzo* V 15 lässt sich zudem feststellen, dass es sich bei dem Obelisken mit figürlichem Schmuck um ein Zitat nach Castigliones *Allegorie der Vergänglichkeit* (Bartsch 1985, 4602.027) handelt. Tiepolos Spiel mit der Vorlage ist hier ein Doppeltes: Zum einen erfolgt die gelehrte Anspielung an Castiglione, zum anderen wird dessen Thema, die Vergänglichkeit, aufgegriffen, indem Obelisk und Skulptur von Tiepolo nur in verwittertem Zustand wiedergegeben werden. Es geht nicht um Kindesopfer, sondern um *erudizione* und Ironie.

Ton ist elegisch."[255] Der die Magie oder gar magische Praktiken betreffende Aspekt der Blätter ist nicht dominant genug, um zum eigentlichen Bildgegenstand erklärt zu werden. Die Protagonisten von Tiepolos Radierungen zaubern nicht. Weder interagieren sie bemerkenswert, noch handeln sie in einer anderen Weise. Sie sind zumeist, rein autoreferenziell, in sich selbst versunken oder in die Betrachtung von etwas, thematisieren das „Schauen" an sich.[256] Das Interesse für diesen Vorgang durchzieht über nicht-agierende, die dargestellte Szene betrachtende oder aus dem Bild herausschauende Staffagefiguren auch Tiepolos malerisches Werk. Die *Capricci* und die *Scherzi* können als Höhepunkt seiner Auseinandersetzung mit dem Vorgang des Betrachtens und Observierens gelesen werden.[257]

Tiepolo erzählt mit seinen *Scherzi* und *Capricci* keine Geschichten und er stellt keinen konkreten Vorgang dar. Seine Anspielungen auf Magisch-Okkultes wie auch – über die Satyrn – auf die Mythologie; seine über Ruinen und überwucherte, antikische Reliefs erfolgende Darstellung überkommener Zivilisationen; die damit einhergehende Reflexion des Verhältnisses von Natur und Geschichte[258] – alles für Capriccio-Folgen bis dato nicht üblich – entspringen dem Zeitgeschmack ebenso wie einer veränderten Geschichtsbetrachtung, sind Ausdruck von Tiepolos *erudizione* und richten sich explizit an den Sammler des 18. Jahrhunderts. Die Szenen vermischen Mythologisches mit Alltäglichem, Magisches mit Antikisierendem und sogar Pulcinella findet als Figur der Commedia dell'Arte auf zwei der *Scherzi* Platz. Frank Büttner versteht dieses

255 Busch 1997, S. 60. Vgl. auch bereits Busch 1986, S. 53.

256 In diesem Sinne wurden die beiden Serien auch schon von Alpers und Baxandall interpretiert, die darauf verwiesen, wie wenig erfolgreich die bisherigen Versuche, die Blätter mit konkreten magischen Praktiken in Verbindung zu bringen, waren. Vgl. Alpers/Baxandall 1996, S. 11 und S. 35–40. Auch Büttner 1996a, S. 158f stellt den Aspekt des „fragenden Schauens" deutlich in den Mittelpunkt seiner Analyse der Blätter. Klar lässt sich Tiepolos Faszination für den Vorgang des Betrachtens auch an seinen Änderungen an den Radierungen Giampiccolis ablesen. Figuren, die untereinander durch ein Geflecht von Blickbeziehungen verbunden waren oder deutlich einen Gegenstand fixierten, isolierte er. Entweder wendete er den Kopf der Figuren in eine andere Richtung oder er entfernte das Objekt der Betrachtung aus der Bildkomposition. Vgl. die Abbildungen in Succi 1985, S. 36.

257 Vgl. Christiansen 1996, S. 277.

258 Vgl. Busch 1996a, S. 72.

Kompendium heterogener Motive als ironische Kritik an der Vernunft-Hörigkeit der Aufklärung.[259] Ebenso könnte auch ein subtiler Seitenhieb auf die zeitgenössische Begeisterung für die Archäologie impliziert sein, betrachtet man etwa das *Scherzo* mit der *Auffindung des Grabes von Pulcinella* (V 29, Abb. 28).

IV. 1. 1 *Variatio*, *Invenzione*, Virtuosität und Verwirrung

Ungewöhnliche Kombinationen, deren Fülle und fantasievolle Variation, sind ingeniöser Ausdruck von Tiepolos Schöpfungskraft und *erudizione*. Sie wecken das Interesse des Betrachters und unterhalten diesen ungemein. In ihrer motivischen wie thematischen Uneindeutigkeit fordern und verunsichern sie zugleich. Tiepolo enttäuscht ganz bewusst die Erwartungshaltung des Rezipienten, aus den einzelnen Elementen einen übergreifenden Sinnzusammenhang herstellen zu können.[260] Er schafft durch räumliche Unbestimmtheit der Szenerie und auffällige Ellipsen in der Behandlung einzelner Bildbereiche Ambivalenzen, die zu zusätzlicher Irritation führen, indem sie – seinen Karikaturen vergleichbar – Missinterpretationen Vorschub leisten.[261] Der enigmatische Charakter der beiden Serien ist notwendiges Instrument zur grundlegenden Verunsicherung des Betrachters. Während des Schauens und Rätselns findet dieser schließlich seine eigene Haltung in den nicht-agierenden, in die Betrachtung von etwas oder in sich selbst versunkenen Protagonisten der beiden Serien reflektiert.

Das über die fantasievolle Variation und die Zurschaustellung seiner *erudizione pittoresca* erfolgende Spiel mit dem Rezipienten und dessen Haltung dem Bild gegenüber ist eigentlicher Bildgegenstand der beiden druckgraphischen Serien Tiepolos.[262] Der Modus der Darstellung formt gleichzeitig den Inhalt. „Wie" Tiepolo etwas zeigt, bestimmt das, „was" gezeigt ist.[263]

259 Vgl. Büttner 1996a, S. 164f und Büttner 1998, S. 157.

260 Vgl. Holler 2001, S. 98.

261 Vgl. Busch 1977, S. 216–219 und Busch 1986, S. 55. Siehe auch Kapitel II. 7.

262 Zudem baut Tiepolo über die nervöse, kritzelige Radiertechnik weitere motivische Verunsicherungen ein, die besonders das Spiel mit der Signatur betreffen. Vgl. Busch 1986, S. 55.

263 Vgl. Holler 2001, S. 96. Siehe auch Kapitel II. 3.

Die *Capricci* und die *Scherzi* bieten, ebenso wie es auch bereits für die Radierung der *Anbetung der Könige* beobachtet werden konnte, die Quintessenz von Tiepolos schöpferischen und technischen Fähigkeiten auf, präsentieren seine außerordentliche Invenzionsgabe und Virtuosität und nehmen hiermit rekursiv auf sein übriges Œuvre Bezug. Tiepolos gesamtes druckgraphisches Werk kann primär als Ausdruck seines künstlerischen Genius verstanden werden und richtet sich explizit an den gebildeten Kenner.[264]

Nicht zufällig stehen Tiepolos Druckgraphiken, die denen Salvator Rosas viel zu verdanken haben, motivisch besonders stark in Verbindung mit dem Blatt des *Genius Salvator Rosas* (Abb. 51).[265] Ein Sarkophag im linken Bildhintergrund, auf dessen Längsseite eine figürliche Szene zu sehen ist, und ein Gefäß mit Bukranien im Bildmittelgrund, aus welchem Rauch aufsteigt, ähneln als antikisierende Elemente denen, die später leitmotivisch die Serien der *Capricci* und der *Scherzi* durchziehen. Auch hier schwingt durch die Darstellung des Sarkophages eine leise Melancholie mit, welche jedoch ebenfalls nicht zu einer auf die gesamte Darstellung übertragbaren Vanitas-Symbolik überleitet. Das Bildpersonal, welches auf den ersten Blick eine irritierende Zusammenstellung von antiken, mythologischen und allegorischen Figuren ist, regt auch auf Rosas Blatt den Betrachter zum Entschlüsseln an.[266] Dieser wird hierbei jedoch nicht in dem

264 Auch Dempsey 1972, S. 503, sieht in der ostentativ zur Schau gestellten Virtuosität, die dem Geschmack des Sammlers des 18. Jahrhunderts entsprach, den eigentlichen Grund, weshalb Tiepolo seine Radierungen schuf.

265 Salvator Rosa, *Der Genius Salvator Rosas*, ca. 1662, 457 x 275 mm, vgl. Wallace 1979, S. 289.

266 Ein bocksbeiniger Satyr steht neben der Figur eines Philosophen in antiker Gewandung, während die Personifikation der Freiheit den Genius des Künstlers mit ihren Attributen versieht. Der bocksbeinige Satyr ist als Verweis auf die „Feurigkeit" des Geistes Salvator Rosas zu verstehen, der Philosoph verkörpert den „Gleichmut". Zur Benennung der Figuren vgl. ebd., S. 289. Die besondere Rolle der Freiheit, welche den Genius krönt, lässt sich mit Rosas für seine Zeit ungewöhnlich autonomem Kunstverständnis begründen. Hierzu vgl. Haskell 1996, S. 37–39. Nicht nur Motive verweisen auf den „Genius" des Künstlers und dessen *erudizione.* Die kniende Frauenfigur im Bildvordergrund, welche die Malerei personifiziert, ist ein Zitat nach Raffaels bekannter *Transfiguration.* Hierzu und Weiteres zur Radierung des *Genius von Salvator Rosa* vgl. Wallace 1965, S. 474. Tiepolos Radierungen stehen auch mit weiteren Radierungen Rosas in Verbindung, speziell dem *Demokrit in Meditation.* Vgl. Wallace 1979, S. 112.

Maße verunsichert, wie es bei Tiepolos Radierungen geschieht. Ein Schriftfeld in der rechten unteren Ecke leistet thematische Hilfestellung und die einzelnen Figuren lassen sich über die Inschrift deuten.[267]
Eine weitere Radierung mit dem Thema des *Genius des Künstlers* (Abb. 54), zu der Tiepolos druckgraphische Serien in Bezug gesetzt werden können, stammt aus der Hand Castigliones.[268] Dessen druckgraphisches Werk war ebenso wie das von Salvator Rosa von besonderer Bedeutung für Tiepolo. Vergleichbar ist in diesem Fall die dargestellte Überwucherung antiker Relikte durch die Natur – zugleich Ausdruck eines sich wandelnden Geschichtsverständnisses[269] wie auch Spielraum der künstlerischen Fantasie und Möglichkeit einer capricciohaften Zusammenstellung interessanter Bildmotive. Die auffällige, federbesetzte Kopfbedeckung des ansonsten unbekleideten Genius kann eventuell ebenso als Verweis auf die Erfindungskraft des Künstlers verstanden werden – in Anlehnung an die Darstellung und Beschreibung der Personifikation des Capriccio in Cesare Ripas *Iconologia* von 1603, dessen „Mütze mit den bunten Federn zeigt, daß diese Verschiedenheit der ungewöhnlichen Handlungen grundsätzlich in der Phantasie ihren Sitz hat."[270]

Auf beiden Radierungen, der Rosas wie der Castigliones, wird der *Genius des Künstlers* jeweils durch eine ingeniöse, ungewöhnliche Bildfindung dargestellt.

---

267 *Ingenuus, Liber, Pictor Succensor, et Aequus, | Spretor Opum, Mortisque: hic meus est Genius. | Salvator Rosa.* Hierdurch kann der Bildgegenstand der Radierung zwar benannt werden, doch vollständig entschlüsselt ist diese, ebenso wie die folgende Radierung Castigliones, nicht. Vgl. Busch 1986, S. 54.

268 Giovanni Benedetto Castiglione, *Der Genius Castigliones*, 1648, 364 x 244 mm, vgl. Bartsch 1985, 4602. 023. Das Blatt ist datiert auf 1648 und war bereits Vorlage für Salvator Rosas *Genius*. Vgl. Wallace 1979, S.80f. Auch hier klärt eine Inschrift im Bild über das Thema auf: *Genium Io: | Benedicti | Castiglionis | Ianuen. | Inv. Fe.*

269 Die im 17. Jahrhundert in Capriccio-Folgen eindringende Darstellung von Arkadischem oder Mystisch-Okkultem kann als Ausdruck für die „überhistorische Macht der Natur" verstanden werden. Busch 1996a, S. 57. Gleichzeitig schwingt auch hier eine gewisse Melancholie mit, vgl. etwa Castigliones Radierung der *Melancholie*, bei welcher der Hintergrund von durch die Natur überwucherten Architekturelementen bestimmt ist.

270 Übersetzung von Ripas Text nach Kanz 2002, S. 163. Da die weiteren Attribute des Capriccio, Blasebalg und Sporen, jedoch fehlen, muss diese Vermutung spekulativ bleiben. Vgl. ebd. S. 278.

Das Capriccio und die fantasievolle Variation werden als essentielle Bestandteile künstlerischer Qualität präsentiert, und unter diesem Aspekt haben die Blätter bereits viel mit Tiepolos späteren *Capricci* und *Scherzi* gemein. Der grundlegende Unterschied besteht allerdings darin, dass der Genius auf Tiepolos Radierungen nicht als Personifikation dargestellt ist. Er ist nicht explizit Bildgegenstand, doch es wird ihm über die Fülle von capricciohaften Variationen und die hohe künstlerische Qualität der Blätter Ausdruck verliehen.
In dieser Funktion der Zurschaustellung von Tiepolos gesamter Bandbreite künstlerischer Möglichkeiten, in ihrer Komplexität und der daraus resultierenden stärkeren Bemühung des Betrachters, nehmen Tiepolos Capriccio-Folgen eine deutliche inhaltliche Verlagerung gegenüber den bisherigen, von Callot und della Bella ausgehenden Capriccio-Serien vor, welche der Modulation von einzelnen Motiven, Haltungsstudien oder dem Vorführen technischer Virtuosität gewidmet sind.
Anders als die Radierung Castigliones, die am unteren Rand des Bildfeldes sogar eine Verlegerinschrift aufweist,[271] waren Tiepolos Druckgraphiken nicht als „Werbung“ an eine breite Öffentlichkeit oder einen potentiellen Auftraggeberkreis gerichtet.[272] Untereinander verbindet sie dieser Aspekt ebenso, wie sie sich auch leitmotivisch zusammenfassen lassen. Die Form der Darstellung, die capricciohafte Variation, die gelehrte Anspielung und die stärkere Bemühung des Rezipienten bestimmen sowohl die nicht enträtselbaren Blätter der *Capricci* und der *Scherzi* wie auch die *Anbetung der Könige*.
Gleichfalls lässt sich dies für Tiepolos Blatt des *Hl. Joseph mit Kind* feststellen (Abb. 49), welches Aufgrund seines Bildgegenstandes bisher auch aus dem Bereich der Deutung des druckgraphischen Werkes ausgeklammert wurde.[273]

271 *Si vendono in Roma da Gio: Iacomo de Rossi 1648 alla Pace.* Zusätzlich ist am rechten unteren Bildrand noch eine Widmung zu finden.

272 Vgl. Kapitel III. 1.

273 Diese Radierung wurde, ebenso wie die *Anbetung der Könige*, von der Forschung früher für eine Reproduktionsgraphik gehalten. Vgl. Molmenti 1911, S. 226 und Hind 1921, S. 48. Das Gemälde, welches als Vorlage herangezogen wurde und sich in der Staatsgalerie in Stuttgart befindet, wird heute jedoch Giandomenico Tiepolo zugeschrieben. Zudem ist es auch von der Gestaltung her nicht übereinstimmend mit der Radierung. Vgl. Santifaller 1976, S. 68f. Zur Darstellung des *Hl. Joseph mit Kind* auf der Radierung vgl. Kapitel II. 7.

Diese sehr kleinformatige Radierung[274] wurde von Giandomenico Tiepolo augenscheinlich als interessant und qualitätvoll genug erachtet, um in den *Catalogo* aufgenommen zu werden. Andererseits fand sie jedoch keine eigene Nennung im Inhaltsverzeichnis oder auf dem Frontispiz der *Scherzi*,[275] sondern wurde, bemerkenswerterweise, diesen schlicht als 24. Blatt beigefügt.
Der Verzicht auf deutliche Attribute – ein Umstand, der für sich bereits als eine Art „scherzo“ verstanden worden sein kann –,[276] und die freie, lockere Handhabung der Radiernadel führen auch bei diesem Blatt zu einer Ablenkung vom eigentlichen Bildgegenstand. Der religiöse Gehalt der Szene ist, ebenso wie bei der *Anbetung der Könige*, nur von sekundärer Bedeutung und tritt hinter *Variatio*, *Invenzione*, Virtuosität und der mit diesen Mitteln von Tiepolo bewirkten Verunsicherung des Betrachters zurück.[277]

IV. 2 Weshalb eine capricciohafte biblische Historie?

Anders als die Radierung des *Hl. Joseph mit Kind* wird die *Anbetung der Könige* im Inhaltsverzeichnis des *Catalogo* und auf dem Frontizpiz der *Scherzi* gesondert erwähnt. Sie ist somit eindeutig als biblische Historie bezeichnet. Ihre Ausführung folgt jedoch dem Thema von Variation und gelehrtem Umgang mit dem Vorbild. Verschiedene Versatzstücke und Ellipsen in der Darstellung stellen

274 Die Radierung misst lediglich 96 x 87 mm.

275 Das Titelblatt der *Scherzi* erhielt seine Inschrift nicht durch Giambattista sondern erst durch Giandomenico Tiepolo bei der zweiten Ausgabe des *Catalogo*. Middeldorf Kosegarten möchte das ursprünglich leer gelassene Feld auf dem Frontispiz der *Scherzi* als Anspielung auf Geheimnisse der Magie deuten (vgl. Middeldorf Kosegarten 2007, S. 252). Es stellt sich aber die Frage, worauf sich diese Interpretation gründen soll. Wahrscheinlicher ist es, dass Tiepolo auch hier, wenn er selbst keine Inschrift vorsah, vorrangig eine Irritation des Betrachters und ein Spiel mit dessen Erwartungshaltung anstrebte. Vgl. Busch 1996a, S. 68.

276 Vgl. etwa Kapitel II. 6. 2. Der Autor der *Descrizione* bezeichnet den Umstand, dass Jesus auf der *Anbetung der Könige* Sebastiano Riccis seine Hand auf den Kopf des greisen Königs legt, als „scherzo“.

277 Ohne Attribute erinnert der *Hl. Joseph* zudem, wie bereits Santifaller bemerkte, den alten, bärtigen Männern der von Giandomenico radierten Kopfstudien Giambattistas. Vgl. Santifaller 1976, S. 74.

Verbindungen zu den *Scherzi* und *Capricci* dar; die Szene ist durch die mangelnde Interaktion der Figuren trotz ihres Bildgegenstandes nicht narrativ; der Betrachter wird nicht zur Andacht angeleitet – die Graphik ist diesem gegenüber in ihrer religiösen Komponente nonfunktional. All diese Beobachtungen zusammengenommen führen zu der Frage nach den Grenzen rein capricciohafter Bildfindung und der Berechtigung capricciohafter Motive in Kunst religiösen Gehaltes.

Zum Capriccio und zu dessen Definition gab es in der zweiten Hälfte der 90er Jahre intensive und umfassende Untersuchungen.[278] Der Begriff selbst ist etymologisch nicht eindeutig geklärt und auch kunsthistorisch nach wie vor nicht unproblematisch.[279] Eine klare Verortung des in seiner Natur und seinem Verständnis stark wandelbaren Capriccio in der Kunsttheorie kann nur in Ansätzen erfolgen. Um sich dem Gegenstand zu nähern, ist die jüngere Forschung zur Begrifflichkeit des „Kunstprinzips Capriccio" übergegangen.[280]
Das Capriccio ist als Ausdruck von Fantasie und Schöpfungskraft des Künstlers eine Reaktion auf die zeitgenössische Kunsttheorie und deren Regelwerk – „Was ein Capriccio ist, hängt davon ab, wie die wechselseitige Innovationsbedürftigkeit von Kunstwerk und Publikum aufeinander reagiert."[281] Es fordert somit die Vorbildung und *erudizione* des Betrachters. Besonders großer Beliebt-

---

278 Siehe beispielsweise den anlässlich der Ausstellung „Das Capriccio als Kunstprinzip. Zur Vorgeschichte der Moderne von Archimboldo und Callot bis Tiepolo und Goya" entstandenen Vortragsband Mai/Rees 1997 und den Ausst. Kat. Köln/Zürich/Wien 1996, darin besonders Hoffmann. Daran anschließend Kanz 2002. Unter früheren Arbeiten zum Capriccio-Begriff sind speziell die Dissertation von Lucrezia Hartmann 1973 hervorzuheben und Busch 1977.

279 Im Gegensatz zu den inhaltlich dem Capriccio nahe stehenden Begriffen von *ingenio*, *fantasia* und *immaginazione*, die bereits im 15. Jh. aus dem Bereich der antiken Rhetorik und Poetik in die kunsttheoretische Terminologie übernommen wurden, ist „Capriccio" ein Neologismus. Der Ursprung des Wortes ist nicht eindeutig geklärt. Es handelte sich wohl zunächst um eine Verschmelzung der italienischen Bezeichnungen „capo" (Kopf) und „riccio" (Igel) – zusammen Ausdruck eines erschreckten Haarsträubens. Anfang des 16. Jahrhunderts fand eine inhaltliche Verlagerung statt, hin zur Idee der kapriziöse Bocksprünge aufführenden Ziege, italienisch „capra" – in dieser Bedeutung Umschreibung für besondere künstlerische Fantasie. Vgl. Kanz 2002, S. 64.

280 Vgl. Mai/Rees 1997.

281 Kanz 2002, S. 11f.

heit erfreute es sich im Bereich der Druckgraphik seit dem 17. Jahrhundert. Ausgehend von Jacques Callot erschienen unter dem Titel *Capricci* zahlreiche Folgen mit Variationen zu Figuren, Vasen, Köpfen oder verschiedenen Szenen. Doch über die Benennung der Serien wird bereits deutlich, dass die unbegrenzte künstlerische Freiheit hier nur eine scheinbare ist. Der Künstler selbst entschärfte das Capriccio, indem er es als solches kennzeichnete.[282] Ein anderes Spannungspotential hatte es in der Darstellung traditioneller Sujets. In Form von launigen, den Bildgegenstand bereichernden Nebenmomenten war das Capriccio im 17. Jahrhundert in allen Gattungen wiederzufinden. Auch im Bereich der biblischen Historie hatte es sich bereits seinen Raum erobert. Während Veronese sich für bestimmte Figuren und deren Handlungen auf seinem Abendmahlsbild für SS. Giovanni e Paolo in Venedig noch vor der Inquisition verantworten musste,[283] erwarteten Tiepolos Zeitgenossen sogar capricciohafte Variationen in der Darstellung religiöser Szenen.[284]

Bei der Radierung der *Anbetung der Könige* übertrug Tiepolo den Einsatz kapriziöser Momente von den Randbereichen des Bildes auf die gesamte Ausführung der Szene. Dass er dies wagen konnte, ist begründet in der veränderten Geschichtsbetrachtung, der sich wandelnden Kunstauffassung und dem sich bereits ankündigenden Zusammenbruch des traditionellen Gattungssystems.[285] Hoffmann interpretierte bereits die Serie der *Capricci* als Signal für eine „Lockerung des formalen und ikongraphischen Gefüges."[286] Eben dies lässt sich besonders deutlich auch für die *Anbetung der Könige* konstatieren. Das Kunstprinzip Capriccio erobert sich großflächig und bildbestimmend Raum in Szenen biblischer Thematik.

282 Ausst. Kat. Dessau 1995, S. 6. Vgl. auch bereits Busch 1977, S. 220.

283 Vgl. Kanz 2002, S. 174–176.

284 Vgl. Kapitel III. Auch in der Darstellung antiker Historie hatte das Capriccio sich sukzessive immer weitere Bereiche erobert. Dabei hatte es hier jedoch begonnen, den didaktisch-rhetorischen Ernst der Darstellungen zu untergraben. Diese Entwicklung korrespondiert mit dem zeitgleich stattfindenden, in einer veränderten Geschichtsauffassung zu begründenden Ende des Exempelcharakters und der rhetorischen Instrumentalisierung der antiken Historie. Vgl. Gottdang 1999b, S. 124 und 165. Die Genremalerei nimmt in Venedig die Stelle der Historienmalerei ein. Vgl. ebd., S. 246.

285 Vgl. Busch 1993, S. 55f und Busch 1996a, S. 72.

286 Hoffmann 1996, S. 30.

Die capricciohafte Behandlung religiöser Historie findet sich mit vier kleinformatigen Ölgemälden zur *Flucht nach Ägypten* nicht nur in Giambattistas malerischem Spätwerk,[287] sondern ist ebenso im Werk seines Sohnes Giandomenico zu belegen. 1753 erschien dessen 24 Blatt umfassende Radierfolge der *Flucht nach Ägypten.*[288] Nicht nur zeitlich steht sie der *Anbetung der Könige* sehr nahe, sondern es ist auch ein vergleichbares Interesse an der Erfindung ungewöhnlicher, von der traditionellen Ikonographie abweichender Bildstrukturen zu beobachten.[289] Ziel Giandomenicos war es nicht, religiöse Inhalte zu transportieren, sondern der Betrachter sollte erfreut und unterhalten werden, wie sich bereits aus dem Titel der Serie ablesen lässt: *Idèe Pittoresche Sopra La Fugga in Egitto di Gesù, Maria e Gioseppe.*[290]

Die Möglichkeit, capricciohafte Momente dominant in der biblischen Historie einzusetzen, eröffnete ein weites Spektrum für den spielerischen Umgang mit der Darstellungstradition. Im Sinne einer *pittoresca erudizione* ließen sich Referenzen und Anspielungen an ältere Werke in die neuen Bildfindungen inte-

---

287 Die vier Ölgemälde, von denen zwei die *Ruhe auf der Flucht* (Privatsammlung und Staatsgalerie Stuttgart, Inv. Nr. 3303) und zwei die *Flucht nach Ägypten* (Museu Nacional de Arte Antiga, Lissabon, und Privatsammlung, New York) darstellen, werden alle auf 1767-1770 datiert und haben ein Format von etwa 60 x 40 cm. Vgl. Ausst. Kat. Venedig 1996, S. 338–343.

288 Inklusive Frontispiz, Widmung und Titel umfasst der Zyklus 27 Blätter. Vgl. Schulze Altcappenberg 1996, S. 118f.

289 Ob die Serie als Ausdruck der schöpferischen Fruchtbarkeit Giandomenicos eine Reaktion auf die vorhergegangene Kritik, ihm mangle es an Fantasie, ist, ist unklar. Vgl. Dempsey 1972, S. 504. Seine künstlerische Handschrift ist weniger aufgelöst und locker als die Giambattistas. Zudem zeichnen sich seine Blätter durch eine andere Behandlung des Lichtes aus. Sie sind weniger von Helligkeit durchflutet und stehen den Radierungen Rembrandts nahe, dessen *Flucht nach Ägypten* wohl auch Vorbild für Giandomenico war. Vgl. Kowalczyk 2003, S. 66–68.

290 Zum capricciohaften Gehalt dieser Folge vgl. Busch 1996a, S.61. Trottmann verweist zwar auf die Variation als zentrales Thema Giandomenicos druckgraphischer Serie, sie erklärt jedoch die Wahl der biblischen Historie mit der Parallelisierung der Namen Herbipolis (lat. Name für Würzburg) mit Heliopolis (apokryph Ziel der Flucht), nicht mit einem Interesse an capricciohafter Variation. Zudem spricht sie den Blättern jeden spielerischen Gehalt ab und versucht damit eine Trennung zwischen schöpferischer Fantasie und Capriccio vorzunehmen. Vgl. Trottmann 1996, S. 112f.

grieren. Dies ist vermutlich ein Grund, weshalb Giambattista Tiepolo für sein druckgraphisches Hauptwerk auf ein biblisches Thema zurückgriff, wenn er sonst – den *Hl. Joseph mit Kind* ausgenommen – keine Radierungen religiösen Gehaltes oder überhaupt eindeutig benennbarer Thematik anfertigte. Es bietet sich hier ein Erklärungsansatz, weshalb das Blatt kein großformatiges, qualitätvoll ausgeführtes und enigmatisches Capriccio ist. Doch auch die Darstellung einer Szene der antiken Historie hätte einen vergleichbaren Rahmen für Zitatmontagen und spielerische Variationen der Bildtradition geboten. Es stellt sich weiterhin die Frage, weshalb Tiepolo einen religiösen Bildgegenstand wählte.

Die Erklärung hierfür ist vermutlich in der kunsttheoretisch fixierten Gattungshierarchie zu finden, in der unterschiedlichen Wertigkeit der Bildgegenstände. Das Capriccio wurde als niedere ästhetische Kategorie verstanden und stand als solche am Ende der Hierarchie,[291] während die biblische Historie auf der anderen Seite die Rangfolge anführte. Die Anordnung der Radierungen in Giandomenico Tiepolos erster Ausgabe des *Catalogo* folgt deutlich diesem kunsttheoretischen Modell.[292] Der *Catalogo* beginnt mit „*Rappresentazioni Sacre*", deren erstes Blatt die *Anbetung der Könige* ist. Es schließen sich die Folgen der *Flucht nach Ägypten* und *Via Crucis* Giandomenicos an, sowie dessen Radierungen nach den religiösen Werken seines Vaters. Die übrigen Radierungen sind auf die Kapitel *Tavole d'Altare, Soffitti, Rappresentazioni Profane* und schließlich „*Capricj*" unterteilt. Unter „*Capricj*" fasst Giandomenico die von ihm radierten Variationen von Kopfstudien Giambattistas und die *Scherzi di Fantasia* zusammen. Es findet somit eine Hierarchisierung der Radierungen im Sinne der Wertung ihres Bildgegenstandes statt. Damit einhergehend wird auch Künstlergraphik vor Reproduktionsgraphik eingebunden, so dass erst nach der *Anbetung der Könige* und den beiden eigenständigen Serien Giandomenicos die Reproduktionen von Arbeiten Giambattista Tiepolos folgen.[293]

291 Besonders nach dem Tridentinum hatte das „Capriccio" eine negative Konnotation. Vgl. Busch 1977, S. 221.

292 Zudem wählte auch er für seine wichtigsten druckgraphischen Arbeiten, die Zyklen der *Flucht nach Ägypten* und der *Via Crucis*, biblische Themen.

293 Eine Sortierung nach Künstlergraphik und Reproduktionsgraphik ist nicht ungewöhnlich und lässt sich beispielsweise auch bei zwei Graphikalben aus dem Besitz des Konsul Smith, heute in Windsor, nachweisen. Hier sind erst die Originalradierungen von

Interessanterweise ist die Abfolge der Radierungen in den nur kurze Zeit später erschienenen weiteren Ausgaben des *Catalogo* nicht mehr Ausdruck der Gattungshierarchie. Am Beginn stehen nun die Graphiken Tiepolos, in denen sich seine Inventionsgabe am freiesten entfaltet: Zunächst die von Giandomenico radierte Serie seiner Kopfstudien, dann die *Scherzi* und schließlich, als Höhe- und Endpunkt, die *Anbetung der Könige*. Erst darauf folgen die Serien Giandomenicos, die Reproduktionsgraphiken sowohl profaner wie religiöser Thematik, der Altarbilder und abschließend der Fresken.

Giambattista Tiepolos Wahl einer biblischen Historie für sein druckgraphisches Meisterwerk wird also einerseits in der Wertschätzung des Gegenstandes begründet sein und andererseits in dem über die lange Bildtradition geschaffenen Rahmen für Allusionen und capricciohafte Variationen. Den Anstoß dafür, dass er dabei aus dem möglichen Spektrum biblischer Themen die Szene der Anbetung der Könige aufgriff, lieferte der Text der *Descrizione*.

Künstlern und anschließend Reproduktionsgraphiken nach deren Gemälden zusammengebunden. Vgl. Griffith 1991, S. 131.

V. Fazit

Giambattista Tiepolos Radierung der Anbetung der Könige gilt heute zumeist als Reproduktion nach einer entweder nicht dokumentierten oder ebenfalls der Federzeichnung der Shickman Gallery (Abb. 42) zugrunde liegenden Vorlage.[294] Als in Tiepolos druckgraphischem Œuvre scheinbar vollkommen isoliert stehendes Werk wurde sie nicht in die Diskussion um die *Capricci* und *Scherzi* mit einbezogen. Verweise auf motivische und technische Parallelen zu den beiden Serien fanden nur in Hinblick auf einen möglichen Datierungsansatz Berücksichtigung. Überlegungen zu Funktion und Absicht des großformatigen Einzelblattes erschöpften sich aufgrund seiner geringen Verbreitung zu Lebzeiten Giambattista Tiepolos in der Vermutung, es handle sich hier, ebenso wie bei der Serie der *Scherzi*, um eine rein private Arbeit, die der Künstler zu seinem persönlichen Vergnügen ausgeführt habe.

Über die Beschäftigung mit der Darstellung der *Anbetung der Könige* auf der Radierung und ihrer Gegenüberstellung mit den *Scherzi* und *Capricci* konnten zunächst die bereits in der Forschung erkannten deutlichen Verwandtschaften nachvollzogen werden. Der über eine leichte, mühelos wirkende Technik erreichte Eindruck von Spontaneität und Unmittelbarkeit, die Variationen sich wiederholender Motive, die optische Verunsicherung des Betrachters und die schöpferische Fantasie ließen sich als zentrale Aspekte für die gesamte Druckgraphik Tiepolos festhalten. Die *Anbetung der Könige* ist hier keine Ausnahme, auch bei ihr überlagert der Modus der Darstellung das Thema an sich.

Die beiden Serien der *Capricci* und der *Scherzi* gehören zweifelsfrei dem Bereich der Künstlergraphik an. Auch das Einzelblatt folgt den gleichen Prinzipien. Die Annahme, Tiepolos druckgraphisches Meisterwerk sei dem Bereich der geringer geachteten Reproduktionsgraphik zuzuordnen, erscheint von dieser Beobach-

---

294 Vgl. Kapitel II. 4. Eine Ausnahme bildet hier lediglich Succi 1985, S. 42, der das Blatt nicht für eine Reproduktionsgraphik hält, jedoch davon ausgeht, dass Tiepolo diese Radierung schuf, „per dimostrare a se stesso, prima che agli altri, le proprie qualità anche in un settore così particolare." Es handelt sich jedoch – wie im Vorhergehenden dargelegt wurde – um ein explizit auf einen gebildeten, interessierten Betrachter ausgerichtetes Sammlerblatt.

tung ausgehend kaum noch denkbar. Sie führte zu der These, es handle sich bei der *Anbetung der Könige* um eine originäre Bildfindung, um eine Künstlergraphik. Bereits im Vergleich mit Tiepolos übrigen Ausführungen des Themas erhärtete sich diese Vermutung. Es sind jeweils vollkommen eigenständige Bildfindungen, die dem Leitmotiv der Variation folgen und nicht etwa auf ein der Radierung zugrunde liegendes, heute verschollenes Werk hinführen.
Zudem konnte auch für die Federzeichnung in der Shickman Gallery festgestellt werden, dass diese keineswegs als ein Beleg für ein heute verlorenes Gemälde Tiepolos gelten kann.

Neben der unwahrscheinlichen Annahme, Tiepolo habe auf seinem großformatigen und technisch hervorragenden Blatt der *Anbetung der Könige* ausgerechnet eines seiner Werke wiedergegeben, das zeitgenössisch keinen Widerhall erfuhr, spricht auch der bemerkenswert hohe Preis dafür, dass es sich um eine Künstlergraphik handelt. Dank Frerichs[295] war dieser der Forschung schon lange bekannt, er wurde jedoch nicht in die Überlegungen zum Blatt mit einbezogen. Hier lässt sich jedoch zugleich ein Erklärungsansatz finden, weshalb die Radierung zeitgenössisch eine ebenso geringe Verbreitung erfuhr wie die *Scherzi*.
Die *Anbetung der Könige* wird erst als anspruchsvolle Sammlergraphik verständlich, die explizit auf einen gutsituierten und gebildeten Kennerkreis ausgerichtet ist.

Indem Tiepolo bei seiner Radierung die Szenerie um capricciohafte Variationen bereicherte und dabei zugleich auf Veronese als strahlendes Vorbild des Cinquecento und auf ein Gemälde Riccis im Besitz des Konsul Smith zurückgriff, gab er einen Beweis seiner künstlerischen *erudizione*. Er entsprach damit der im zeitgenössischen Geschichts- und Kunstverständnis begründenden Erwartungshaltung des Betrachters, in welcher Kennerschaft eine zentrale Rolle spielte.[296] Dem gelehrten Kunstsammler bot sich die Möglichkeit des Wiedererkennens und Aufzeigens von Referenzen, Bildtraditionen und Abweichungen von gängigen Darstellungen des Szene. Ein besonderer Reiz, der von Tiepolos *Anbetung der Könige* ausgeht, liegt in der neuen Bearbeitung eines bekannten Themas fern jedem moralischen oder exempelhaften Impetus, frei von didaktisch-rhetorischer Funktion: in einer capricciohaften Historie. Über die hohe tech-

295 Frerichs 1971a.

296 Vgl. Kapitel III. 1.

nische Qualität des Blattes wurden zugleich auch die ästhetischen Ansprüche des Sammlers befriedigt. *Invenzione* und *variatio* präsentieren sich im Gewand handwerklicher Perfektion. Die Radierung ist, wie auch Tiepolos weitere Druckgraphik, Ausdruck seines künstlerischen Genius.

Eine durch optische Verunsicherungen und Ambivalenzen in der Darstellung erfolgende Thematisierung des „Schauens" – von Busch (1977) bereits für die *Capricci* festgestellt und von Alpers und Baxandall (1996) ausführlich anhand der Fresken in Würzburg beschrieben – spielt auch bei der Radierung der *Anbetung der Könige* eine zentrale Rolle. Die Darstellung der Szene weist keine narrativen Strukturen auf; das Bildpersonal interagiert nicht; die räumliche Situation bleibt im Unklaren; Ellipsen fordern gedankliche Vervollständigung durch den Betrachter. Tiepolo spielt mit dem Verhältnis des Rezipienten zum Bild.[297] Der religiöse Gehalt der biblischen Geschichte ist zweitrangig und tritt zurück hinter dem „Wie" der Ausführung. Somit steht das Blatt nicht nur motivisch und technisch, sondern auch inhaltlich den enigmatischen Serien der *Capricci* und *Scherzi di Fantasia* nahe. Es ist nicht als Fremdkörper innerhalb von Tiepolos druckgraphischem Werk zu werten.

Über die großformatige, capricciohafte Umsetzung einer biblischen Historie gab Tiepolo einen Beweis seiner Schöpfungskraft innerhalb eines von Bildtradition und Textgrundlage bestimmten Rahmens. Dass seine Wahl hierbei auf das Thema der Anbetung der Könige fiel, geschah nicht ganz zufällig. Anstoß gab höchst wahrscheinlich die 1749 im Auftrag des Konsul Smith erschiene Beschreibung in dessen Besitz befindlicher Gemälde Sebastiano Riccis, deren Höhe- und Endpunkt eine *Anbetung der Könige* ist.[298]

---

[297] Da der Schwerpunkt dieser Studie auf der Betrachtung der Radierung selbst, ihrer Stellung innerhalb von Tiepolos Œuvre sowie der Frage nach Funktion und Datierung des Blattes liegt, wäre ein Versuch, die beobachtete Thematisierung des „Betrachtens" in den Kontext von Überlegungen zur Wahrnehmung im 18. Jahrhundert zu setzen, zu weit gegriffen und in diesem Rahmen auch nicht zu leisten. Hier böte sich jedoch ein Ansatz für weitere Untersuchungen.

[298] Vgl. Kapitel II. 5. 1.

Tiepolo modifizierte bei der Bildfindung seiner Radierung in auffälliger Weise sämtliche in der *Descrizione* angesprochene Aspekte des Gemäldes als gleichermaßen ästhetisches wie intellektuelles Spiel mit der Vorlage. Hierbei reflektierte er nicht nur Riccis individuelle künstlerische Ausführung des Themas, sondern ebenso die allgemein übliche Darstellungskonvention. Von dieser Beobachtung ausgehend, lässt sich mit einiger Berechtigung 1749 als neuer *terminus post quem* zur Diskussion um die Datierung von Giambattista Tiepolos Radierung der *Anbetung der Könige* hinzufügen.

Summary

The etching of the *Adoration of the Magi* by Giambattista Tiepolo.
Capriccio in the guise of biblical history.

During his artistic career, which spanned over 50 years, Giambattista Tiepolo painted a large number of monumental frescoes, oil paintings on sacred and profane themes and more than 3000 drawings are preserved today. But opposed to this huge amount of artistic work, there is only a remarkably small group of not more than forty etchings.
Apart from the famous series of the *Capricci* and the *Scherzi di Fantasia* and a few prints that have been ascribed to Tiepolo, only two etchings exist that are not only designed, but also definitely executed by Giambattista Tiepolo himself (see Chapter II. 1). The first is a very small *St. Joseph with the infant Jesus* and the second an *Adoration of the Magi.*

The *Adoration of the Magi* is Tiepolo's largest etching by far and can – due to its high artistic quality – be regarded as his print masterpiece (see Basan 1767, Gandellini 1771 or Krückmann 2004). At first glance it stands quite isolated within Tiepolo's oeuvre as an etcher, not only due to its size but also due to its subject. Unlike the indeterminate *Capricci* and the *Scherzi*, which have proved exceedingly difficult to place in a narrative context, Tiepolo's *Adoration of the Magi* is clearly and easily identifiable as a scene from the bible. It is lacking the obvious enigmatic character of the *Capricci* and the *Scherzi*, which might be a reason why it has so far often been ignored by art historians analysing the two series.

Tiepolo's *Adoration of the Magi* has mostly been regarded as a reproduction etching of one of his paintings (see i.e. Santifaller 1972b, Schneider 1984). By comparing the *Adoration* with Tiepolo's further versions of the subject, this hypothesis could not be verified. Besides the quite unlikely assumption that Tiepolo should have reproduced one of his works in his for its size and technically outstanding etching (in this case the only reproduction etching by his own hand) that contemporaneously did not receive any attention, also the considerably high price of the print supports the thesis presented here. This thesis is that the *Adoration of the Magi* is not a reproduction etching but a genuine artistic etching (see Chapter II. 3).

Considerable parallels in motif and technic between the *Adoration* and the *Capricci* and even more intensely with the *Scherzi* have long been observed in the research about Tiepolo's etchings. These have however so far only been noticed regarding the question of the dating of the prints. *Capricci* and *Scherzi* do without doubt belong to the range of artistic graphics. The *Adoration of the Magi* follows the same principles (see Chapter II. 2). Tiepolo broke with the conventions of common iconography, the beholder is not led to *compassio*, the protagonists surprise with an obvious lack of interaction. The artistic fantasy and virtuosity in the execution of the theme transcends its religious content. The "how" seems far more important than the "what" (see Chapter II. 2 and Holler 2001). The artistic principle "caprice"/"Capriccio" (see Chapter IV. 2) extensively and determinatively finds its way into the representation of a biblical subject.

In contrast to many of his contemporaries, Tiepolo did not use his prints as a form of *Carte de visite* and he did not really take care of the reproduction and distribution of his etchings. Apart from the series of the *Capricci*, which were published together with a collection of chiaro-scuro-woodcuts by Antonio Maria Zanetti the Elder in the 1740ies, Tiepolo's etchings were not systematically publicised until after his death. But if it was not the artist's aim to market his prints – a medium which is generally used to reach a broader public – one has to ask the question about the function and the intention of those works. Regarding the enigmatic series of the *Capricci* and the *Scherzi* there have been several attempts to find an answer. Hypotheses vary from the speculation that they are "baubleries, meaningless exercises Tiepolo made for his own pleasure" (Sack 1910) to the assumption that they show optical irritation and capriccesque foolery in correspondence with ambiguity as the subject itself (Busch 1996).
But Tiepolo's *Adoration of the Kings* has to be interpreted as an ambitious edition for collectors, explicitly made for a well-off and well-educated circle of connoisseurs, who possess the necessary *erudizione* to decrypt Tiepolo's modulations of a familiar subject. The etching being a rare and high-priced collectors item already in the 18th century also explains why it can only be traced in a few outstanding collections (see Chapter III. 1).

Tiepolo's choice of a biblical history as the subject of his singular print is – another thesis that is being presented in this study – probably based on the hierarchy of genres. A religious scene used to be higher estimated than a *Capriccio*. Thus, for his print masterpiece Tiepolo chose a scene from the bible, but not out of religious motives. In the first place his *Adoration of the Magi* is a most creative reaction to a painting by Sebastiano Ricci and probably inspired by a publication issued in 1749 by order of the British consul at Venice, Joseph Smith. The *Descrizione dei cartoni disegnati da Carlo Cignali e de' quadri dipinti da Sebastiano Ricci [...]* ends with the description and admiration of Sebastiano Ricci's *Adoration of the Magi*. Tiepolo modified every aspect of Ricci's painting that is mentioned in the *Descrizione* and by doing so, he not only reflected Ricci's individual artistic version of the scene, but also the common tradition of its representation (see Chapter II. 5). With his capriccesque etching of a biblical scene Tiepolo gave proof of his vivid imagination even within the boundaries of a long and strict tradition, the textual basis and a painting by Sebastiano Ricci as a guideline for his composition. So far it was only known that Tiepolo etched his *Adoration of the Magi* before 1757. Now 1749 can with some reason be added as a new *terminus post quem* to the discussion of the dating of the print.

Abbildungsnachweis

Abb. 1–34, 48–52: Archiv der Autorin; Abb. 35, 36, 46: 10.000 Meisterwerke der Malerei, Zenodot Verlagsgesellschaft mbH; Abb. 37: aus Russel 1972, S. 28; Abb. 38: aus Eschenfelder 1998, S. 99; Abb. 39: bpk / The Metropolitan Museum of Art, New York; Abb. 40: © The Cleveland Museum of Art, Dudley P. Allen Fund 1994.474; Abb. 41: Bildarchiv Foto Marburg; Abb. 42, 43: aus Schneider 1984, Abb. 141; Abb. 44, 45: aus Percy H. Osmond, Paolo Veronese. His Career and Works, London 1927, Tafel 45 und 35; Abb. 47: aus Ausst. Kat. Venedig 2004a, S.30; Abb. 53: von http://cybermuse.gallery.ca/cybermuse/search/artwork_e.jsp?mkey=2515, Zugriff am 26.09.2010; Abb. 54: Bildarchiv Foto Marburg

Bibliographie

Alpers/Baxandall 1996
Alpers, Svetlana/Baxandall, Michael: Tiepolo und die Intelligenz der Malerei, [Übersetzung der engl. Originalausgabe: Tiepolo and the Pictorial Intelligence, New Haven/London 1994], Berlin 1996.

Aikema 1998
Aikema, Bernhard: Early Drawings for Prints by Giambattista Tiepolo, in: Master Drawings, Vol. 36, No.3, 1998, S. 251–274.

Andersson 1984
Andersson, Ulrike: Giovanni Battista Tiepolo in der Villa Valmarana ai Nani, [Diss. München], München 1984.

Aurenhammer 1996
Aurenhammer, Hans: Rezension zu Svetlana Alpers/Baxandall, Michael, Tiepolo and the Pictorial Intelligence, in: Kunstchronik, 1996, S. 106–116.

Ausst. Kat. Berkeley 1996
Ausst. Kat. The Mask of Venice. Masking, Theatre & Identity in the Art of Tiepolo & his Time, hrsg. von James Christen Steward, Berkeley Art Museum 11. Dez. 1996–4. März 1997, Berkeley 1996.

Ausst. Kat. Cambridge 1970
Ausst. Kat. Tiepolo. A Bicentenary Exhibition 1770–1970, hrsg. von George Knox, Fogg Art Museum, Cambridge, Mass. 1970.

Ausst. Kat. Cambridge 1996
Ausst. Kat. Tiepolo and his Circle. Drawings in American Collections, hrsg. von Bernhard Aikema, Fogg Art Museum, Harvard University Art Museums, 12. Okt.–14. Dez. 1996, Cambridge, Mass./New York 1996.

Ausst. Kat. Dessau 1995
Ausst. Kat. Von Canaletto bis Tiepolo. Capriccios venezianischer Graphik des 18. Jahrhunderts, Anhaltische Gemäldegalerie, Dessau, 2. Juli–3. September 1995, Dessau 1995.

Ausst. Kat. Épinal 2003
Ausst. Kat. Rembrandt et les peintres-graveurs italiens de Castiglione à Tiepolo, hsrg. von Matthieu Gilles/Bozena Anna Kowalczyk/Jaco Rutgers, Musée départemental d'art ancien et contemporain à Épinal, 6. Dez. 2003–8. März 2004, Mailand 2003.

Ausst. Kat. Fort Worth 1993
Ausst. Kat. Giambattista Tiepolo. Master of the Oil Sketch, hrsg. von Beverly Brown, Kimbell Art Museum, Fort Worth, 18. Sept.–12. Dez. 1993, Fort Worth 1993.

Ausst. Kat. Hannover 2001
Ausst. Kat. Venedigs Ruhm im Norden. Die großen venezianischen Maler des 18. Jahrhunderts, ihre Auftraggeber und Sammler, Landesmuseum Hannover, 3. Dez. 1991–2. Feb. 1992, Kunstmuseum Düsseldorf, 16. Feb.–26. Apr. 1992, Hannover 2001.

Ausst. Kat. Köln/Zürich/Wien 1996
Ausst. Kat. Das Capriccio als Kunstprinzip. Zur Vorgeschichte der Moderne von Archimboldo und Callot bis Tiepolo und Goya, hrsg. von Ekkehard Mai/Joachim Rees, Wallraff-Richartz-Museum, Köln, 8. Dez. 1996–16. Feb. 1997, Kunsthaus, Zürich, 14. März 1997–1. Juni 1997, Köln/Zürich/ Wien 1996.

Ausst. Kat. Rotterdam 1996
Ausst. Kat. Tiepolo in Holland. Works by Giambattista Tiepolo and His Circle in Dutch Collections, hrsg. von Bernard Aikema/Marguerite Tuijn, Museum Boijmans Van Beuningen, Rotterdam, 17. Aug.–20. Okt. 1996, Rotterdam 1996.

Ausst. Kat. Stuttgart/Köln 1996
Ausst. Kat. Tiepolo und die Zeichenkunst Venedigs im 18.Jh., hrsg. von Corinna Höper/Uwe Westfehling, Staatsgalerie Stuttgart, Graphische Sammlung, 7. Dez. 1996–16. Feb. 1997, Wallraf-Richartz-Museum, Graphische Sammlung, Köln, 12. März–11. Mai 1997, Köln 1996.

Ausst. Kat. Udine 1970
Ausst. Kat. Le acqueforti dei Tiepolo, hrsg. von Aldo Rizzi, Loggia del Lionello, Udine, 19. Sept.–24. Okt. 1970, Udine 1970.

Ausst. Kat. Udine 1971
Ausst. Kat. Mostra del Tiepolo. Disegni e acqueforti, hrsg. von Aldo Rizzi, Udine, Villa Manin di Passariano, Celebrazioni tiepolesche, 27. Jun.–31. Okt. 1971, Florenz 1971.

Ausst. Kat. Venedig 1979
Ausst. Kat. Tiepolo. Tecnica e immaginazione, hrsg. von Gorge Knox, [Venedig, Palazzo Ducale, Juli-Sept.1979], Venedig 1979.

Ausst. Kat. Venedig 1983
Ausst. Kat. Da Carlevarijs ai Tiepolo. Incisori veneti e friulani del Settecento, hrsg. von Dario Succi, Musei provinciali, Palazzo Attems, Gorizia, Museo Correr, Venedig, Venedig 1983.

Ausst. Kat. Venedig 1996
Ausst. Kat. Giambattista Tiepolo. 1696-1770, hrsg. von Keith Christiansen, Museo del Settecento Veneziano, Venedig, 6. Sept.–8. Dez. 1996, Venedig/ New York/Mailand 1996.

Ausst. Kat. Venedig 2004a
Ausst. Kat. Tiepolo. Ironia e Comico, hrsg. von Adriano Mariuz/Giuseppe Ravanello, Fondazione G.Cini, Venedig, 3. Sept.–5. Dez. 2004, Venedig 2004.

Ausst. Kat. Venedig 2004b
Ausst. Kat. I Tiepolo. I rami per le acqueforti nelle collezioni del Museo Correr, hrsg. von Camillo Tonini, Ca' Rezzonico, Venedig, Museo del Settecento Veneziano, 15. Dez. 2004–9. Feb. 2005, Venedig 2004.

Ausst. Kat. Würzburg 1996
Ausst. Kat. Der Himmel auf Erden. Tiepolo in Würzburg, 2 Bde., hrsg. von Peter O. Krückmann, Residenz Würzburg, 15. Feb. –19. Mai 1996, Würzburg 1996.

Barcham 1984
Barcham, Wililam Lee: Costume in the Frescoes of Tiepolo and Eighteenth-Century Italian Opera, in: Michael Collins/Elise Kirk (Hrsg.): Opera & Vivaldi, Texas 1984, S. 149–178.

Barcham 1989
Barcham, William Lee: The religious paintings of Giambattista Tiepolo. Piety and tradition in eighteenth-century Venice, Oxford 1989.

Barcham 1992
Barcham, William Lee: Giambattista Tiepolo, New York 1992.

Bartsch 1985
The Illustrated Bartsch, 46, Italian Masters of the Seventeenth Century, hrsg. von Paolo Bellini, New York 1985.

Basan 1767
Basan, Pierre-François: Dictionnaire des graveurs anciens e modernes, 2 Bde., Paris, 1767.

Bauer 1990
Bauer, Hermann: Tiepolos monumentale Capricci, in: Christoph Andreas/Roland Dorn (Hrsg.): Festschrift für Hartmut Biermann, Weinheim 1990, S. 171–180.

Bettagno 1998
Bettagno, Alessandro: Una data per i Capricci, in: Puppi 1998, Bd. 1, S. 39–41.

Bettagno/Magrini 2002
Bettagno, Alessandro/Magrini, Mariana (Hrsg.): Lettere artistiche del Settecento veneziano, Vicenza 2002.

Bettermann 2004
Bettermann, Silke: Paolo Veronese und die französische Kunst des 18. Jahrhunderts (Diss. TU Darmstadt), Darmstadt 2004.

Bickendorf 1998
Bickendorf, Gabriele: Die Historisierung der italienischen Kunstbetrachtung im 17. und 18. Jahrhundert, Berlin 1998.

Binion 1968
Binion, Alice: Tiepolo – Guardi: New Points of Contact, in: The Burlington Magazine, Vol. 110 (1968), S. 519 + 521.

Brakensieg 2003
Brakensieg, Stephan: Vom »Theatrum mundi« zum »Cabinet des Estampes«. Das Sammeln von Druckgraphik in Deutschland 1565–1821 (Studien zur Kunstgeschichte Bd. 150), Hildesheim/Zürich/New York 2003.

Brown 1998
Brown, Beverly: Imitation and Imagination: Tiepolo's Search for *La Prima Idea*, in: Puppi 1998, Bd. 1, S. 27–34.

Buberl 1993
Buberl, Brigitte: Der gebildete Geschmack. Anmerkungen zur venezianischen Druckgraphik im 18. Jahrhundert, in: Kunstchronik, 46, 1993, S. 413–423.

Buchanan 1982
Buchanan, Iain: Dürer and Abraham Ortelius, in: The Burlington Magazine, Bd. 124, 1982, S. 734–741.

Busch 1977
Busch, Werner: Piranesis „Carceri“ und der Capriccio-Begriff im 18.Jh., in: Wallraf-Richartz-Jahrbuch, 39, 1977, S. 209–244.

Busch 1986
Busch, Werner: Goya und die Tradition des „Capriccio“, in: Max Imdahl (Hrsg.): Wie eindeutig ist ein Kunstwerk?, Köln 1986, S. 41–73.

Busch 1993
Busch, Werner: Das sentimentalische Bild. Die Krise der Kunst im 18.Jh. und die Geburt der Moderne, München 1993.

Busch 1996a
Busch, Werner: Die graphische Gattung Capriccio – der letztlich vergebliche Versuch, die Phantasie zu kontrollieren, in: Ausst. Kat. Köln/Zürich/Wien 1996, S. 55–82.

Busch 1996b
Busch, Werner: Die Wahrheit des Capriccio – die Lüge der Vedute, in: Ausst. Kat. Köln/Zürich/Wien 1996, S. 95–102.

Busch 1997
Busch, Werner: Das Capriccio und die Erweiterung der Wirklichkeit, in: Mai/Rees 1997, S. 53–79.

Büttner 1996a
Büttner, Frank: Tiepolo und die subversive Kraft des Capriccio, in: Ausst. Kat. Köln/Zürich/Wien 1996, S. 157–167.

Büttner 1996b
Büttner, Frank: Ikonographie, Rhetorik und Zeremoniell in Tiepolos Fresken der Würzburger Residenz, in: Ausst. Kat. Würzburg 1996, S. 54–62.

Büttner 1998
Büttner, Frank: Tiepolo e la Tradizione del Capriccio, in: Puppi 1998, Bd. 1, S. 153–158.

Christiansen 1996
Christiansen, Keith: L'"infiammata poetica fantasia" di Giambattista Tiepolo, in: Ausst. Kat. Venedig 1996, S. 275–370.

Christiansen 1999
Christiansen, Keith: Tiepolo, Theater, and the Notion of Theatricality, in: The Art Bulletin, Vol. 81, 1999, S. 665–692.

Craske 1997
Craske, Matthew: Art in Europe. 1700–1830, Oxford/New York 1997.

Dempsey 1972
Dempsey, Charles: Tiepolo Etchings at Washington, in: The Burlington Magazine, Vol.114, 1972, S. 503–505 + 507.

Descrizione 1749
Anonym (wohl Gherardi, Pietro Ercole): Descrizione de' cartoni disegnati da Carlo Cignani e de' quadri dipinti da Sebastiano Ricci posseduti dal Signor Giuseppe Smith, Console della Gran Bretagna appresso la Sereniss. Reppublica di Venezia, con un compendio delle vite dei due celebri professori, Venedig 1749.

De Vesme 1906
De Vesme, Alexandre: Le peintre-graveur italien, Mailand 1906.

Dreyer 1979
Dreyer, Peter: Kupferstichkabinett Berlin. Italienische Zeichnungen, Stuttgart/Zürich 1979.

Eschenfelder 1998
Eschenfelder, Chantal: Giovanni Battista Tiepolo (1696–1770), Köln 1998.

Favaretto/Bodon 1996
Favaretto, Irene/Bodon, Giulio: Il collezionismo di antiquità a Venezia nel Seicento. Fra tradizione e rinnovamento, in: Bernard Aikema/Max Seidel (Hrsg.): Il collezionismo a Venezia e nel Veneto ai tempi della Serenissima, Venedig 2005, S. 209–218.

Frerichs 1971a
Frerichs, Lina Christiana: Mariette et les eaux-fortes des Tiepolo, in: Gazette des Beaux-Arts, Bd. 78, 1971, S. 233–354.

Frerichs 1971b
Frerichs, Lina Christiana: Nouvelles sources pour la connaissance de l'activité de graveur des trois Tiepolo, in: Nouvelles de l'Estampe, 4/1971, S. 213–228.

Gandellini 1771
Gandellini, Gori: Notizie istoriche degl'intagliatori, Bd. III, Siena, 1771.

Gemin/Pedrocco 1995
Gemin, Massimo/Pedrocco, Filippo: Giambattista Tiepolo. Leben und Werk (Übersetzung der ital. Originalausgabe: Giambattista Tiepolo. I dipinti. Opera completa, Venedig 1993), München 1995.

Gilles 2003
Gilles, Matthieu: Rembrandt et les Peintres-Graveurs Italiens: Présentation du Catalogue, in: Ausst. Kat. Épinal 2003, S. 81–91.

Gottdang 1999a
Gottdang, Andrea: Die getäuschte Erwartung. Witz und Ironie bei Giambattista Tiepolo, in: Artibus et Historiae, Vol. 20, No. 40, 1999, S. 151–168.

Gottdang 1999b
Gottdang, Andrea: Venedigs antike Helden. Die Darstellung der antiken Geschichte in der venezianischen Malerei von 1680–1760 (Kunstwissenschaftliche Studien, Bd. 79), München/Berlin 1999.

Gramaccini 2001
Gramaccini, Norberto: Die Rechtfertigung der Druckgraphik als reproduzierende Kunst – Zur Diskussion in den Quellen des 18. Jahrhunderts, in: Stalla 2001, S. 17–28.

Griffiths 1991
Griffiths, Antony: The Prints and Drawings in the Library of Consul Joseph Smith, Print Quarterly, Bd. VIII, 1991, S. 127–139.

Hartmann 1973
Hartmann, Lucrezia: „Capriccio" - Bild und Bildbegriff, Nürnberg 1973.

Haskell 1996
Haskell, Francis: Maler und Auftraggeber. Kunst und Gesellschaft im italienischen Barock, (Neuauflage der Ausgabe 1980, mit einem Nachwort von Werner Busch), Köln 1996.

Heinecken 1786
Heinecken, Karl Heinrich von: Neue Nachrichten von Künstlern und Kunstsachen, Erster Theil, Dresden/Leipzig 1786.

Hind 1921
Hind, Arthur M.: The Etchings of G.B. Tiepolo, in: Print Coll. Quarterly, April 1921 (Reprint von 1970, Bd. 8), S. 37–60.

Hoffmann 1996
Hoffmann, Werner: Das Capriccio als Kunstprinzip, in: Ausst. Kat. Köln/Zürich/Wien 1996, S. 23–34.

Holler 2001
Holler, Wolfgang: Das "Was" und das "Wie": Giovanni Battista Tiepolo und seine Druckgraphik, in: Stalla 2001, S. 93-102.

Irle 1996
Irle, Klaus: Apelles, Zeuxis und Lysippos und die Malerei des Cinquecento, in: Antiquarische Gelehrsamkeit und Bildende Kunst. Die Gegenwart der Antike in der Renaissance, Köln 1996, S. 123–135.

Kanz 2002
Kanz, Roland: Die Kunst des Capriccio. Kreativer Eigensinn in Renaissance und Barock, München/Berlin 2002.

Knox 1960
Knox, George: Catalogue of the Tiepolo Drawings in the Victoria and Albert Museum, London 1960.

Knox 1972
Knox, George: G. B. Tiepolo: The Dating of the "Scherzi di Fantasia" and the "Capricci", in: The Burlington Magazine, Vol. 114, No. 837, 1972, S. 837–842.

Knox 1975
Knox, George: Catalogue of the Tiepolo Drawings in the Victoria and Albert Museum, London 1975.

Knox 1976
Knox, George, (Hrsg.): Etchings by the Tiepolos: Domenico Tiepolo's Collection of the Familiy Etchings from an Album in the Copper-Hewitt Museum of Design […], Ottawa 1976.

Knox 1996
Knox, George: The Private Art of the Tiepolos, in: Ausst. Kat. Berkeley 1996, S. 35–48.

Kowalczyk 2003
Kowalczyk, Bozena Anna: Rembrandt et Venise au XVIIIe siècle: Collectioneurs-Peintres-Graveurs, in: Ausst. Kat. Épinal 2003, S. 45–79.

Krückmann 2004
Krückmann, Peter O.: Tiepolo. Der Triumph der Malerei im 18.Jahrhundert, München/Berlin/London/New York 2004.

Landwehr 2007
Landwehr, Achim: Die Erschaffung Venedigs. Raum, Bevölkerung, Mythos 1570-1750, Paderborn/München u.a. 2007.

LCI Bd. 1 1968 / LCI Bd. 2 1970
Lexikon Christlicher Ikonographie, hrsg. von Engelbert Kirschbaum u. a., 8 Bde, Rom/Freiburg/Basel/Wien, hier besonders Bd. 1 1968 u. Bd. 2 1970.

Lenz 1996
Lenz, Christian: »così felice, e giudizioso Imitatore«. Giambattista Tiepolo als Nachahmer Paolo Veroneses, in: Ausst. Kat. Würzburg 1996, S. 63–69.

Levey 1957
Levey, Michael: Tiepolo's Treatment of Classical Story at Villa Valmarana: A Study in Eighteenth-Century Iconography and Aesthetics, in: Journal of the Warburg and Courtauld Institutes, Vol. 20, No. 3/4, 1957, S. 298–317.

Levey 1960
Levey, Michael: Two Paintings by Tiepolo from the Algarotti Collection, in: The Burlington Magazine, Bd. 102, 1960, S. 250–255 + 257.

Levey 1986
Levey, Michael: Giambattista Tiepolo. His life and art, New Haven/London 1986.

Longhi 1762
Longhi, Alessandro: Compendio delle vite de' pittori veneziani istorici più rinomati del presente secolo [...], Venedig 1762.

Lugt 1953
Lugt, Frits: „Répertoire des catalogues de ventes publiques. Intéressant l'art ou la couriosité, 4 Bde., Bd. 2 (1826-1860), La Haye 1953.

Mai/Rees 1997
Mai, Ekkehard/Joachim Rees (Hrsg.): Kunstform Capriccio. Von der Groteske zur Spieltheorie der Moderne (Kunstwissenschaftliche Bibliothek, Bd.6), Köln 1997.

Mariani 1986
Mariani, Anna: An Etching by Giambattista Tiepolo?, in: The Burlington Magazine, Vol. 128, No. 995, 1986, S. 108–110.

Mariuz 1971
Mariuz, Adriano: Giandomenico Tiepolo, Venedig 1971.

Mariuz 1998
Mariuz, Adriano: Alcune fonti visive di Giambattista Tiepolo, in: Puppi, 1998, Bd. 1, S. 34–38.

Martineau 1995
Martineau, Jane/Robinson, Andrew (Hrsg.): The glory of Venice. Art in the eighteenth century, London/Washington 1995.

Middeldorf Kosegarten 2007
Middeldorf Kosegarten, Antje: „... Sia dunque tua base principale la madre ignoranza..." Zu den 'Capricci' und 'Scherzi di fantasia' von Giambattista Tiepolo, in: Marburger Jahrbuch für Kunstwissenschaft, Bd. 34, 2007, S. 251–308.

Molmenti 1911
Molmenti, Pompeo: Tiepolo. La vie et l'œuvre du peintre, (Übersetzung der ital. Originalausgabe: Tiepolo. La sua vita e le sue opere, Mailand 1909), Paris 1911.

Morassi 1943
Morassi, Antonio: Tiepolo, Bergamo/Mailand/Rom 1943.

Morassi 1970
Morassi, Antonio: Sui disegni del Tiepolo nelle recenti mostre di Cambridge, Mass. e di Stoccarda, in: Arte Veneta XXIV, 1970, S. 294–304.

Pallucchini 1968
Pallucchini, Anna: L'opera completa di Giambattista Tiepolo, Mailand 1968.

Pallucchini 1993
Pallucchini, Rodolfo: La pittura veneziana del Settecento, Venedig 1993.

Passamani 1968
Passamani, Bruno: Marco Ricci, in: Ausst. Kat. Marco Ricci e gli incisori bellunesi del '700 e '800, 11. August-12. Oktober 1968, Venedig 1968.

Passamani 1970
Passamani, Bruno (Hrsg.): Giambattista Tiepolo. 1696–1770. Acqueforti, disegni e lettere. Nel secondo centenario della morte, Bassano 1970.

Pavanello 1996
Pavanello, Giuseppe: Canova Collezionista di Tiepolo, Venedig 1996.

Pignatti 1965
Pignatti, Terisio: Le acqueforti dei Tiepolo, Firenze 1965.

Pignatti 1970
Pignatti, Terisio: In margine alla mostra delle acqueforti dei Tiepolo a Udine, in: Arte Veneta XXIV, 1970, S. 305–310.

Pilo 1983
Pilo, Giuseppe Maria: L'incisione veneta e friulana del Settecento, in: Ausst. Kat. Venedig 1983, S.13–28.

Puppi 1998
Puppi, Lionello (Hrsg.): Giambattista Tiepolo nel terzo Centenario della nascita (Atti del Convegno Internazionale di Studi, Venedig/Vicenza/Udine/Paris 29. Okt. –4. Nov. 1996), 2 Bde., Venedig 1998.

Rosen 2003
Rosen, Valeska von: Mulitperspektivität und Pluralität der Meinungen im Dialog. Zu einer vernachlässigten kunsttheoretischen Gattung, in: Valeska von Rosen/ Klaus Krüger/Rudolf Preimesberger (Hrsg.): Der stumme Diskurs der Bilder. Reflexionsformen des Ästhetischen in der Kunst der Frühen Neuzeit, München/Berlin 2003, S. 317–336.

Russell 1972
Russell, Diane: Rare Etchings by Giovanni Battista and Giovanni Domenico Tiepolo, New York 1972.

Rutgers 2003a
Rutgers, Jaco: La Renommée de Rembrandt dans l'Italie du XVIIe siècle, in: Ausst. Kat. Épinal 2003, S. 11–29.

Rutgers 2003b
Rutgers, Jaco: Stefano della Bella et Rembrandt: La Filière Française, in: Ausst. Kat. Épinal 2003, S. 30–43.

Rutgers 2006
Rutgers, Jaco: The Dating of Tiepolo's Capricci and Scherzi, in: Print Quarterly, Bd. 28, 2006, S. 254–263.

Sack 1910
Sack, Eduard: Giambattista und Domenico Tiepolo. Ihr Leben und ihre Werke. Ein Beitrag zur Kunstgeschichte des achtzehnten Jahrhunderts, Hamburg 1910.

Santifaller 1972a
Santifaller, Maria: Carl Heinrich von Heinecken e le Aqueforti di Giambattista Tiepolo a Dresda, in: Arte Veneta, XXVI, 1972, S. 145–153.

Santifaller 1972b
Santifaller, Maria: Giambattista Tiepolos Radierung „Die Anbetung der Könige", in: Pantheon. Internationale Zeitschrift für Kunst, München 1972, S. 485–492.

Santifaller 1976
Santifaller, Maria: Giandomenico Tiepolos „Hl. Josef mit dem Jesuskind" in der Staatsgalerie Stuttgart und seine Stellung in der Ikonographie des Barock (Sonderdruck aus dem Jahrbuch der Staatlichen Kunstsammlungen in Baden-Württemberg, Bd. 13), 1976.

Santifaller 1977
Santifaller, Maria: Alcuni „griffonages" su stagno di Francesco Algarotti e la grafica di Giambattista Tiepolo, in: Arte Veneta XXXI, 1977, S. 135–144.

Schäffer 1998
Schäffer, Beatrix: Das venezianische Druck- und Verlagswesen im Zeitalter der Aufklärung (Diss. Univ. Hannover 1997), Frankfurt a. M. 1998.

Schneider 1984
Schneider, Erich: Die barocke Benediktinerabteikirche Münsterschwarzach, (Quellen und Darstellungen zur Fränkischen Kunstgeschichte, Bd. 7), Neustadt/ Aisch, 1984.

Schulze Altcappenberg 1996
Schulze Altcappenberg, Heinrich-Theodor: Giovanni Battista Tiepolo (1696 – 1770) und sein Atelier. Zeichnungen und Radierungen im Berliner Kupferstichkabinett, Berlin 1996.

Schwarz-Weisweber 2004
Schwarz-Weisweber, Anke: Die Tiepolo in Spanien, Berlin 2004.

Sohm 1990
Sohm, Philip L.: The Critical Reception of Paolo Veronese in Eighteenth-Century Italy: the Example of Giambattista Tiepolo as Veronese Redivivus, in: Jürg Meyer zur Capellen/Bernd Roeck (Hrsg.): Paolo Veronese. Fortuna Critica und künstlerisches Nachleben, Sigmaringen 1990, S. 87–108.

Stalla 2001
Stalla, Robert (Hrsg.): Druckgraphik. Funktion und Form (Symposium zur Ausstellung „Es muß nicht immer Rembrandt sein...“. Die Druckgraphiksammlung des Kunsthistorischen Institutes der Universität München, 2.-3. Juli 1999), München/Berlin 2001, S. 17–28.

Steward 1996
Steward, James Christen: Mask and Meanings in Tiepolo's Venice, in: Ausst. Kat. Berkeley 1996, S. 15–34.

Succi 1985
Succi, Dario: Giambattista Tiepolo. Il segno e l'enigma, Venedig 1985.

Succi 1988
Succi, Dario: Giambattista Tiepolo, in: Dario Succi (Hrsg.): Capricci Veneziani del Settecento, Turin 1988, S. 275–289.

Trottmann 1996
Trottmann, Helene: Giovanni Domenico Tiepolos Radierungsfolge „Die Flucht nach Ägypten“, in: Ausst. Kat. Würzburg 1996, S. 109–113.

Tujin 1996
Tujin, Marguerite: The Etchings of the Tiepolos, in: Ausst. Kat. Rotterdam 1996, S. 172–185.

Vasari 1550/1568
Vasari, Giorgio: Le Vite de' più eccelenti pittori, scultorie architettori nelle redazioni del 1550 e 1568, hrsg. von Rosanna Bettarini/Paola Barocchi, Florenz 1966–1987.

Vivian 1991
Vivian, Frances: Englische Sammlertätigkeit im Venedig des 18. Jahrhunderts, in: Ausst. Kat. Hannover 1991, S. 23–31.

Wallace 1965
Wallace, Richard W.: The Genius of Salvator Rosa, in: The Art Bulletin, Bd. 47, 1965, S. 471–480.

Wallace 1979
Wallace, Richard W.: The Etchings of Salvator Rosa, New Jersey 1979.

Whistler 1986
Whistler, Catherine: G. B. Tiepolo at the court of Charles III., in: The Burlington Magazine, Bd. 128, 1986, S. 199–203.

Wiener 1971
Wiener, Victor: Eighteenth-Century Italian Prints, in: The Metropolitan Museum of Art Bulletin, New Series, Vol. 29, No. 5, 1971, S. 203–225.

Winckelmann 1968
Winckelmann, Johann Joachim: Abhandlung von der Fähigkeit der Empfindung des Schönen in der Kunst, und dem Unterrichte in derselben, in: Ders., Kleine Schriften, Vorreden, Entwürfe, hrsg. von Walter Rehm, Berlin 1968, S. 211–233.

Wolk-Simon 1997
Wolk-Simon, Linda: Domenico Tiepolo: Drawings, Prints, and Paintings in the Metropolitan Museum of Art, in: The Metropolitan Museum of Art Bulletin, NF, Bd. 54, 1997, S. 3–68.

Die Autorin dieses Bandes

Alessa Rather, M.A., Studium der Kunstgeschichte, Klassischen Archäologie und Alten Geschichte in Salzburg, Mailand und Berlin; Magisterarbeit ausgezeichnet mit dem Wolfgang-Ratjen-Preis 2009; gegenwärtig Projektassistenz beim Kulturkreis der deutschen Wirtschaft im BDI e.V.; Dissertationsprojekt (Arbeitstitel): Maarten van Heemskerck, die antike Überlieferung und die eigene. Kunstproduktion als Erinnerungswerk.

Danksagung

Zum Schluss des vorliegenden Buches bleibt mir noch die äußerst angenehme Aufgabe, mich bei all jenen Menschen zu bedanken, die in menschlicher und fachlicher Hinsicht viel zum Gelingen des Projektes beigetragen haben.

Zunächst ein ganz herzlicher Dank an Frau Dr. Zita Ágota Pataki, die meine Studie zu Tiepolo in ihre Reihe CISA aufgenommen hat und dabei ausgesprochen aufmunternd zur Seite stand. Direkt in diesem Zusammenhang sei auch Dr. Claudia Schwaighofer gedankt, die eine wunderbare Freundin ist, mich zum Verschicken meiner Arbeit anstieß und ohne die es das vorliegende Buch somit nicht gäbe. Herrn Dr. Andreas Stolzenburg und den freundlichen und hilfsbereiten Wissenschaftlern des Kupferstichkabinetts der Hamburger Kunsthalle danke ich sehr für die Erlaubnis, mit dem dortigen Bestand an Tiepolo Radierungen arbeiten zu dürfen.

Nicht unerwähnt bleiben dürfen natürlich all jene Freunde, die für inhaltliche Gespräche ebenso zur Verfügung standen wie für sinnlose Völlerei – und die damit jeder auf seine Weise meine Arbeit voranbrachten. Stellvertretend sei besonders Florian Horsthemke und Nasima Zirngibl für ihre kritischen Anmerkungen, Balint Gyemant für die ausgezeichnete kulinarische Verpflegung und für seine Geduld gedankt.

Für Unterstützung in wirklich jeder erdenklichen Art und Weise danke ich meinen Eltern. Ich darf mich glücklich schätzen, in meiner Mutter die wohl engagierteste und konstruktivste Kritikerin überhaupt zu haben. Danke.

Ein ganz besonderer Dank aber geht an Herrn Prof. Werner Busch, der nicht nur meine Begeisterung für die Druckgraphik geweckt hat, sondern sich wirklich beispielhaft für die Lehre engagiert. Es freut mich außerordentlich, mein gerade begonnenes Dissertationsprojekt trotz seiner kürzlich erfolgten Emeritierung noch von ihm betreut zu wissen. Ich danke ihm zudem, dass er das Vorwort zur vorliegenden Studie verfasst hat.

CISA - CULTURAL AND INTERDISCIPLINARY STUDIES IN ART

Herausgegeben von Zita Ágota Pataki

ISSN 1862-0116

I *Julian Jachmann*
Die Architekturbücher des Walter Hermann Ryff
Vitruvrezeption im Kontext mathematischer Wissenschaften
ISBN 3-89821-584-9

II *Claudia-Alexandra Schwaighofer*
Die Kunst der Nachahmung
Dürer, Carracci und Parmigianino in den Reproduktionsgraphiken der Nürnbergerin Maria Katharina Prestel (1747–1794)
ISBN 3-89821-642-X

III *Eveliina Juntunen und Zita Ágota Pataki (Hrsg.)*
Rubens im Blick
Ausgewählte Werke unter Re-vision
ISBN 978-3-89821-621-0

IV *Volker Jaeckel*
Von Alterität, Anthropophagie und Missionierung
Der Einfluss der Jesuiten auf die kulturelle Identität Brasiliens in der Kolonialzeit (1549-1711)
ISBN 978-3-89821-717-0

V *Monika von Wilmowsky*
Palmen, Pyramiden und Pylone
Photographien einer Ägyptenreise um 1900
ISBN 978-3-89821-900-6

VI *Sabine Jagodzinski*
Die illustrierte Apokalypse Heinrichs von Hesler im Deutschen Orden
Studien zu Bild, Text und Kontext
ISBN 978-3-89821-984-6

VII *Carolin Leistenschneider*
„Ich möchte eine Mönchskutte haben“
Askese im symbolistischen Frühwerk von Jeanne Mammen
ISBN 978-3-8382-0053-8

VIII *Bettina Heinemann*
Das Ausstattungsprogramm der Cappella Strozzi di Mantova in Santa Maria Novella in Florenz
ISBN 978-3-89821-955-6

IX *Alessa Rather*
Die Radierung *Anbetung der Könige* von Giambattista Tiepolo
Capriccio im Gewand biblischer Historie
ISBN 978-3-8382-0164-1

ibidem-Verlag
Melchiorstr. 15
D-70439 Stuttgart
info@ibidem-verlag.de

www.ibidem-verlag.de
www.ibidem.eu
www.edition-noema.de
www.autorenbetreuung.de